数字适应

——国家治理视域下的数字变革

梅 澎 —— 著

Digital
Adaptation

Digital Transformation from
the Perspective
of National Governance

社会科学文献出版社
SOCIAL SCIENCES ACADEMIC PRESS (CHINA)

数字适应

——国家治理视域下的数字变革

梅 澎 —— 著

Digital Adaptation

Digital Transformation from
the Perspective
of National Governance

社会科学文献出版社
SOCIAL SCIENCES ACADEMIC PRESS (CHINA)

自　序

　　数字化变革是关于适者生存的结构性进化。随着信息技术的飞速发展，数字化已经成为社会发展不可逆的必然趋势，并有可能在短时间内对全球治理、经济运行、文化传播等产生巨大影响，形成一套世界范围内全新的运行规则。当我们认识到，数据要素已经成为普遍的生存资源，数字技术成为生活、工作、学习的必需品，虚拟与现实融合的"数字绿洲"① 已然形成。我们生存的物理空间基于便携式的终端互联，信息在看不见的"场域"中传递，意识认知和价值提纯在数字空间交融，再映射到物理空间、推动人类文明发展。这种实数融合的不可分割形态对数字时代的生存提出新的要求，适应数字化社会，掌握数字化技能，已经成为现代人不可或缺的能力。

　　"数字适应"的概念，通常是指个体、组织或国家在数字时代，为有效融入并利用数字技术与环境，在认知、行为、技能等方面做出调整与改变的过程。数字适应的基本内容包括数字化思维的认知能力、数字化社会的融入能力、数字化生产的创新能力、数字化生态的

---

　　① 　数字绿洲通常指通过数字化技术实现资源高效利用与可持续发展的生态系统，其核心是用数字技术推动绿色转型。

营造能力、数字化文明的传播能力、自驱动推进全面自由发展的学习能力等。在数字适应的过程中，随着数字技术的不断更新迭代和信息社会生存环境的变化，个体、组织或国家总会面临数字化衍生出的数据、技术、结构化变革等非预见性的风险挑战。这要求个人适应组织结构调整和社会发展，组织适应国家政策环境，国家适应世界格局和人民与社会需求。数字适应并不是要求掌握所有的能力，而是在普遍适应的基础上，通过借鉴翔实的统计数据和调研资料，通过案例分析论证的形式，总结提炼方法论，吸纳凝练总体发展观，达到应对这些挑战和问题的目的。

本书从国家治理的宏观视角，审视具备数字适应各项能力的关键性作用，并探究当前形势下，各领域、各组织的数字适应的风险挑战、发展需求和实践困境，从国家治理的切身需求出发，研究探讨经济、政治、社会、文化、生态各领域数字化变革的内容、方法、路径等，突出数字技术、数字素养、数据要素的聚合性化学反应，提出符合国家治理整体观念的提升数字化能力的应对之策，为进一步推进全面深化改革举措落地，实现国家治理体系和治理能力现代化的系统性、战略性目标提供智力支撑。

本书共分为八章：第一章"数字时代的全新图景"，讲述数字时代的发展现状和当前各方面改革背景，从宏观表征到微观现象逐层剖析数字蝶变的过程，沿着历史脉络论证这场变革的必然性，阐释数字适应在该背景下的重要性。第二章到第四章，分别从个人、组织、国家三个层面，递进式地阐述数字化变革带来的社会质变，提出各层次需要适应的数字化发展和方法策略。第五章到第七章，分别从经济、政府、社会三个方面阐释数字化改革过程中取得的成绩，以及当前仍面临的适应困境、发展瓶颈和风险挑战，从各地方的实践探索总结经验，为各领域数字适应提供案例参照和模式归纳。第八章"拥抱数字未来，开启人类文明新纪元"，讲述国家治理视域下数字适应的基本路径，提炼形成数字适应与各领域融合发展的基本模式和方法论，并对未来国家治理体系和治理能力现代化建设的数字化发展方向、动能挖掘渠道和产业形态构建进行趋势判断，呼吁各界广泛关注和共同研究探讨这个重要议题。

梅　澎

2025 年 6 月于北京

目　录

第一章　数字时代的全新图景

数字时代的到来，打开了人类文明延续发展的新篇章。随着数字技术的普及，尤其是人工智能的大众化，我们认知世界、接触世界、定义世界的方式发生了根本的改变。近几年，数字技术进入多模态大模型的单项领域集中爆发期，数字技术的突破已成为司空见惯的事情，人们由于已习惯数字技术的陪伴和数据的运用，便很难察觉它们正在对整个社会的演进和运行进行悄无声息的改变。与之前人类社会的变革不同，这次技术风暴并没有直接带来社会的剧变，而是更多地驱使我们用审视的态度和心理去理解、掌握它们，通过人类自身的能力适应将其转化成推进社会发展的新动能，将这场变革的主动权紧紧掌握在人类手中，使国家发展和治理的效率指数级提升，续写人类社会新文明。

一　数字时代已经到来

数字时代唯一确定的就是不确定性。在人类社会的漫长演进历程中，技术革新始终是推动社会形态转变的关键力量。从农业社会的刀耕火种，到工业社会的机器轰鸣，再到如今数字时代的信息洪流，每一次重大的技术变革都如同一场汹涌澎湃的浪潮，强有力地重塑和改变着人们的生活、工作与思维方式，也一次又一次地迫使人类持续性地进行适应性变革。当下，我们正身处于数字时代的核心地带，感受着数字技术带来的全方位影响。

（一）变化成为一种习惯

清晨，当我们从睡梦中醒来，智能手机成为我们与世界联结的第一窗口，各类应用程序成为我们联通世界的门户，世界各地新闻资讯浓缩汇聚到手机终端。服务平台让我们告别烦琐的线下服务模式，金融消费、餐饮医疗、教育娱乐触手可及。流媒体平台提供了海量的影视、音乐资源，为我们提供了随时随地随心可有的视听盛宴。远程办公模式愈加普及，网络连接使员工无论身处何地都能通过视频会议、在线协作工具等与团队成员进行高效沟通与协作，工作灵活性增强、企业运作成本大大缩减。互联网公司成为提升数字产能的重要阵地，输出大量的技术与数据能源。数字制造业成为数字应用的场景依托，数字化、智能化的生产流程管理大幅提高了生产效率和产品质量。数据交易机构成为贯通数字产业的关键节点，将政企民军等各方主体分布式连接，通过实时监控和精准调控，实现问题发现、预判、研判、防控、解决的系统性安全流通方案，激发数据全链条要素价值。在线教育平台如雨后春笋般涌现，打破了传统教育的时间和空间限制，让优质的教育资源能够惠及更广泛的人群，缩小教育资源不平衡导致的数字鸿沟。

数据显示，中国线上消费保持稳健增长态势。2024年全年全国网上零售额达15.5万亿元，我国连续12年成为全球最大网络零售市场。其中实物商品网上零售额占比 84.27%。① 截至 2024 年 6 月，我国网络购物用户已超过 9 亿人，约占网民总数的 83.8%。② 下沉市场贡献显著，县域及农村移动购物用户占比达 40.2%。③ 中国在线办公市场增长迅速。截至 2024 年末，中国在线办公用户规模达 5.70 亿人，同比增长 14.3%。④ 结合中国互联网络信息中心（CNNIC）同期网民总数（11.02 亿人），在线办公用户占网民的比例为 51.5%。⑤ 协同办公（钉钉、飞书、企业微信）、垂直工具（腾讯会议、金山文档）、行业解决方案（华为 WeLink、用友 YonSuite）等平台政企数字化采购推动 B 端用户规模增长。混合办公模式在我国企业中扎根生长，在后续发展中，势必对职场产生更深远的影响。中国在线教育日益普及。2020 年疫情期间在线教育用户规模激增。截至 2020 年 3 月，在线教育用户规模为 3.81 亿人，占网民总数的 41.2%。⑥ 截至 2023 年 6 月，在

① 中国政府网.［EB/OL］.（2025 年 1 月）.我国连续 12 年成为全球最大网络零售市场.取自中华人民共和国中央人民政府门户网站：https：//www.gov.cn/lianbo/bumen/202501/content_ 7001116.htm.

② 中国互联网络信息中心.第 54 次《中国互联网络发展状况统计报告》［R］.北京：CNNIC，2024：23-25.

③ QuestMobile 研究院.2024 下沉市场洞察报告［R］.北京：QuestMobile，2024：18-20.

④ 中商产业研究院.［EB/OL］.（2025 年 3 月 15 日）.2024 年我国线上办公用户规模达 10.81 亿 占网民整体 51.5%.取自中商产业研究院官网：https：//www.askci.com/news/chanye/20250315/1425012742019 90022151678.shtml.

⑤ 中国互联网络信息中心.第 55 次《中国互联网络发展状况统计报告》［R］.北京：CNNIC，2025：33-35.

⑥ 中国互联网络信息中心.第 45 次《中国互联网络发展状况统计报告》［R］.北京：CNNIC，2020：37-39.

线教育用户规模 3.07 亿人，占网民总数的 31.4%。① 教育智能硬件城市家庭渗透率为 38.7%，学习平板、智能作业灯等设备成为用户触达新入口。② 随着人工智能技术在教育场景的深度应用，截至 2025 年 1 月，全国建成各类在线课程平台 30 余个，上线慕课超 9.7 万门，注册用户数量达 4.83 亿，学习人次达 13.9 亿，该数量居世界第一③。

数字时代所带来的变化，是多种多样的。不同年龄段的人都被包含其中，不能置身事外。随着社会的发展，我们的生活、工作、学习节奏逐渐加快，我们"活着"的方式已经不同于以往。学习方式更加多样，定制化服务越来越多，需求的满足更加具有即时性，数字空间和物理空间的边界更加模糊，服务的沉浸感更强，接收信息的方式更加扁平化，而信息构建的结构更加立体和多元。回望过去，智能手机21 世纪才出现，移动互联网平台 2007 年才广为人知，流媒体平台 2018年才进入成熟阶段，元宇宙给我们带来强烈的时空认知冲击始于 2021年，大语言模型的广泛应用至今也仅有五年的时间。在这短短的 20 余年里，这些当今时代的"生活必需品"已经成为我们时间的占有者，与我们如影随形。近几年数字技术已然成熟，社会中诸多一体化、全链条、贯通式的数字化应用使我们认识到已经进入数字时代。

---

① 中国互联网络信息中心．第 52 次《中国互联网络发展状况统计报告》［R］．北京：CNNIC，2023：41-43.

② 教育部．2023 年教育信息化发展统计公报［EB/OL］．［2024-10-24］．http://www.moe.gov.cn/jyb_sjzl/sjzl_fztjgb/202410/t20241024_1159002.html.

③ 数据来源：数字化"刷新"学习场景［EB/OL］．（2025 年 1 月17 日）．http://education.news.cn/20250117/caf960684d9e43bdafde0cebd831bf0b/c.html.

（二）时代的压迫感

数字时代的到来，加速了整个社会的运行机制和发展模式的变革和演化，促使社会各个领域加速数字化转型，推动着经济、文化、医疗、交通等行业不断创新发展，同时也为人类社会的进步带来了前所未有的机遇与挑战。随着 ChatGPT、DeepSeek-V3 等各种智能工具的火爆，人工智能为人们的工作生活提供了极大助力；大模型应用争相涌现，令人目不暇接。截至 2024 年 6 月，我国生成式人工智能产品用户已达 2.3 亿人。相关企业超过 4500 家，核心产业规模近 6000 亿元，产业链覆盖芯片、算法、数据、平台、应用等上下游关键环节。截至 2024 年 12 月 31 日，302 款生成式人工智能服务在网信部门完成备案，其中 2024 年新增 238 款。[①] 目前人工智能已进入"业余爱好者"阶段，呈现大众化而不是专业化。

人工智能（Artificial Intelligence，简称"AI"）已经发展几十年，经历了诸多阶段[②]，也不止一次引发过社会的轰动。我们见过惊

---

① 数据来源于中国互联网信息中心（CNNIC）发布的《生成式人工智能应用发展报告（2024）》。

② 萌芽阶段（1950s）：以艾伦·图灵提出"图灵测试"（1950 年）和达特茅斯会议首次定义"人工智能"（1956 年）为标志，奠定了理论基础和研究方向。第一发展期（1960s）：聚焦语言翻译、定理证明等基础任务，如早期跳棋程序，但因技术限制和应用场景狭窄，逐渐进入瓶颈期。低谷与反思（1970s~1980s）：因硬件算力不足、模型复杂度有限等问题，研究陷入停滞。后期专家系统的兴起（如医疗诊断系统）推动技术从理论研究转向实际应用。商业化与复兴（1980s~2000s）：机器学习算法（如决策树、支持向量机）和互联网数据的积累，加速了 AI 在商业领域的渗透，例如金融风控、推荐系统等。深度学习时代 （转下页注）

艳世界的 AlphaGo①，也知悉 2018 年谷歌推出的"智能撰写"人工智能，尽管它被视为文本生成服务的先驱，但反响平平。有人要问，为什么直至今日 DeepSeek 火爆出圈，才掀起了人工智能狂热追捧的浪潮。究其原因，主要与当下人类文明的认同、社会生产生活的核心需求等因素有关。在当前社会发展的高速需求阶段，全社会各领域需要降本增效，因此呼吁人类与 AI 更好地适应和拟合，这种拟合是一个动态的过程，是随着场景和应用高自由度变化的。人类与 AI 的拟合，既要求我们不能"不拟合"，也不能"过拟合"。"不拟合"即不用 AI，对其发展置之不理；"过拟合"即不能全信 AI，不能因完全依赖 AI 而失去自身的学习能力和知识判断。我们应该清晰地认识到，AI 不是取代人，而是解放人，让人类能够去做更多更有意义的事情。AI 会为我们缩短重复性、大体量、规律性工作的时间，而我们则需要更专注于创新创造。当前，我们不缺少各类的 AI 工具，而人和人的差距体现在使用 AI 工具的能力上。AI 工具是促使人类社会更加精细分化的加速器，是造就超级个体的时代引擎。所以，我们要抱有一种积极的态度，去主动适应时代的快速迭代，以谋取更长远的发展。现在正是人更加全面

（接上页注②）　（2010s 至今）：算力突破（GPU 加速）、大数据爆发及深度学习算法（如卷积神经网络、Transformer）的成熟，推动 AI 在图像识别、自然语言处理（如 ChatGPT）等领域的革命性进展。

　　① 阿尔法狗（AlphaGo）是由 DeepMind 团队开发的人工智能围棋程序，其核心技术基于深度学习和强化学习，具备自主决策与策略优化的能力。2016 年，AlphaGo 以 4∶1 战胜世界围棋冠军李世石，首次展示了 AI 在复杂博弈领域的突破性进展。次年，其升级版 AlphaGo Zero 通过"自我对弈"训练，无须人类棋谱输入，仅用 72 小时便超越所有历史版本，并实现 60 连胜的纪录，彻底颠覆了传统围棋理论。

自由发展的最好契机。

伴随着人工智能的快速崛起，社会对智能时代的恐慌也有更多的声音，这主要是由于较大体量的社会个体对数字时代的不适应，既有对机器智能可能取代人类的担忧，也有因可能被智能技术裹挟而丧失自我认知的迷茫。2025 年初，每天关于 AI 应用方面的新闻报道不断增加，甚至提出了对所谓的 AI 幻觉①导致医疗领域误诊、金融领域误判、科研领域误导等现象的质问。对 AI 幻觉的风险防控固然重要，但 AI 留给我们更多的是反思。AI 辅助人类进步与发展，仅仅是提高人类产出能力的下限；人类可借此突破自身的局限性，进而提高 "碳基" 生命的上限，而这个上限有多高，取决于人类把 "智能" 转化为 "智慧" 的能力有多大。所以，这就要求人们逐渐更聚焦于自身能力的提高，不断提升自己的能力位阶。人们将根据各自的兴趣爱好、特长能力进行更加细致的分化分工，社会职业布局会更加精细化和精英化。

审视现在，数字技术已经掀起一场没有硝烟的革命，时代的压迫感让我们不得不重新认知自我并以审慎的态度展望更加多元化的未来。面对人工智能的利弊争议和人类发展的探赜索隐，数字文明各要素在这个次元的空间交汇，数字化构建的平行时空已经成为人类思维意识的延伸，也成为社会发展的新空间。无论人类未来走向何方，在当下我们要做好充分的准备。人类一直倡导在 AI 的开发和

---

① AI 幻觉（AI Hallucination）是指人工智能（尤其是生成式 AI 模型）在输出内容时，因训练数据、模型局限或上下文理解偏差，生成看似合理但实际错误、虚构或不符合现实的信息。这种现象常见于文本生成、图像生成、语音合成等场景。

训练过程中要"向善"①，但现如今不仅要求 AI 要遵守"向善"的规则，也要求 AI 工作者要有向善之心。因此，未来社会的定义模式也发生了本质的变化，不再是用技术来定义，而是需要用人性来定义，只有人和 AI 都向善，才能拟合出一个好的社会发展和治理模式。我们在做好数字适应的基础上，才能更好地从国家治理的角度看清、看懂、看透数字化转型的底层逻辑，让数字环境成为社会发展的沃土。

二 数字适应理论研究

飞速发展的数字技术，犹如一把双刃剑，在为我们带来诸多便利与机遇的同时，也引发了一系列亟待解决的问题和深刻的思考。在这个信息爆炸、技术日新月异的时代，我们面临着前所未有的挑战，这些挑战不仅关乎个人的生活质量和发展前景，更涉及整个社会的公平正义、安全稳定以及可持续发展，同样为国家治理格局的构建提出了全新的要求。人们开始思考生存形态的变更，人们在微信、抖音、微博等融媒体渠道以"数字人"的形式交互，人们正以"数字人"的虚拟形象构建依托互联网的网络社区。未来，人类的发展方向将是何方？人类文明虚实空间的融合交汇又将是怎样的呈现？这成为人类长远发展和生存的终极探索。

---

① AI 向善（AI for Good）指在人工智能技术研发、应用和治理中，始终以增进社会福祉、保障人类权益、防范伦理风险为核心原则，确保 AI 的发展与人类价值观和社会公共利益一致。其本质是解决技术进步与伦理责任之间的平衡问题。

（一）数字适应的内涵要义

数字适应的提出是具有时代意义的。它不仅仅指人对数字时代的适应，还应该包括适应数字化转型的国家在治理和发展中反过来适应人民需求。数字适应不是要求每个人都有专业的电脑知识、开发能力或者数据分析能力，更不是对所有与数字化相关的知识、应用、开发利用的全部适应，而是在普遍吸收的基础上，重点择取、定向突破、极致追求，是要掌握基本的运用数字技术和产品的能力，是将自身能力从面到点的提纯和压缩的过程。通俗点讲，数字适应就是一种当代生存能力的外显，它包括数字化思维的认知能力、数字化社会的融入能力、数字化生产的创新能力、数字化生态的营造能力、数字化文明的传播能力、自驱动推进全面自由发展的学习能力等基本内容。数字适应能力的具体选择是可以根据外部环境和自我需求动态调整的。因此我们可以归纳数字适应的基本认知范式，即：

$$Select > Capacity > Tool \qquad (1-1)$$

其中，$Select$ 代表"选择"，$Capacity$ 代表"能力"，$Tool$ 代表"工具"，换言之，豆包、ChatGPT、DeepSeek 等 AI 产品是人们在日常生活中基本都在使用的智能工具，对它们的应用，摆脱了职业、年龄、性别等诸多个性因素的制约，形成一种普遍的社会接纳。在这个认知的基础上，人类和这些 AI 工具成为一个集合的概念。人使用哪一款工具，已经不重要，只是事情处理成效的差异，而人与人在发展和价值实现方面的差异则更加取决于对工具的正确使用和驾驭的能力。但是，我们同样知道存在 AI 产生幻觉的问题，那么在能力之上同样重要的是对 AI 结果的鉴别分析，是人们对诸多 AI 生成结果的甄别和择取。我们要始终坚定信念，"数字决定命运，智慧引领未来"。"智慧"从本质上区别于"智能"，浅显地讲，"智慧"是"智能"永远无法达到的最终形态，复杂地说，"智慧"并非固定状态，而是认知深度（理解复杂性）、情感成熟（同理心）、行动效能（实践转化）的三元互动过程，且涉及伦理判断和整体性思维。在人工智能时代，人类智慧的核心竞争力将愈加体现在价值锚定能力[①]（回答"应然"问题[②]）和意义构建能力（如将技术工具升华为文明进步动力）上。我们人脑在计算规律性、大体量、高密度的事件和数据上确实远远不如人工智能，但是智慧将是推动人自由全面发展的本质驱动力。

数字适应能力高低也与其他能力的叠加作用不同。由于数字技术的发展和迭代过程满足摩尔定律[③]，因此对象的数字适应能力 $E(n)$ 可以表示为：

$$E(n) = N^n \qquad\qquad (1-2)$$

其中，N 为对象的能力基数，n 为掌握数字适应能力的数量。由于数字适应是个动态的过程，因此对数字适应能力的评判也随着所需要适应的环境的变化而变化。因此，对象在不同环境中的数字适应

---

① 价值锚定能力指个人或组织在面对复杂选择时，能基于核心价值体系（如道德观、文化传统或企业使命）快速做出稳定决策的能力。这种能力像"锚"一样，确保价值观不因外界干扰而偏移。

② 应然问题（Ought Problem）是哲学与伦理学中探讨"事物应该如何存在"的规范性问题，与描述现实的实然问题（Is Problem）相对。它关注理想状态，而非现状。

③ 摩尔定律是信息技术领域的核心经验法则，揭示了半导体行业发展的底层逻辑。其核心表述为：集成电路上可容纳的晶体管数量约每18~24个月翻倍，同时单位计算性能成本呈指数级下降。

能力总和，即对象的综合适应能力 $S_e(n)$ 可以表示为：

$$S_e(n) = N_0 + \sum_1^x N_i^{n_i} \qquad (1-3)$$

其中，N_0 为对象的基础能力，i 代表场景序列数，x 代表与对象相关、需要适应的场景数量，但一般我们认为 $x \to \infty$，即对象在宇宙发展的时间维度中要不断地进行动态适应。数字适应的对象，包括了个体、组织和国家，形成"个人—社会—政府"的协同演化格局，是三者的共同适应。

数字适应是双向奔赴的过程，既包括企业和国家适应人民的需求，也包含人民适应大环境的变化。两者需要寻求的交汇点就是能够让各主体都有最舒适的体验。当找到这个交汇点，企业服务便能更精准，国家政策能更惠民，民众也能轻松融入新环境，共同推动数字时代的和谐发展。

（二）数字适应无边界理论

从数字适应的概念来分析，基于普遍适应的理念，对于个体、组织和国家而言都需要无边界的适应，并且在数据和数字技术的赋能和推动下，进一步打破更多细分领域的边界。所谓的"无边界"包括物理空间和数字空间边界融合与价值转化，也就是数字适应的范围和领域是对真实时空和虚拟时空的共同适应。对于虚拟和现实相互勾连的空间交互来讲，经济形态和运行模式发生了变化并拓展了原有的边界，社会结构和制度治理模式逐步变革，文化传播和意识形态表达更加迅捷和全球一体化。这样的社会结构和世界发展格局是国家治理乃至全球治理范式的更迭，走向全面适应的新阶段。这需要人类的思想不断解放，个人的创造力内核被不断唤醒，以谋求在数字化变革洪流中不被淘汰。

数字适应无边界理论，从宏观层面讲，是倡导数字时代的大融合、大发展的学术概念，超越了体制和制度的差异，跨越了理论和实践，遍及所有治理领域，兼顾多个专业和学科，是任何个人、组织、国家都不可回避的议题。从微观层面讲，可以概括为：个体、组织、国家在适应数字化转型发展的过程中，通过打破传统边界（包括地域限制、行业壁垒、职能分割和技术孤岛等），构建动态适应的数字生态系统。它强调物理空间与数字空间的融合，以及个体、组织、国家为适应数字化的持续进化。该理论的核心在于通过数据要素的流动性、智能决策的即时性和协作网络的弹性等，实现对象的各项能力在时空维度上的持续重构，最终形成以对象价值实现为核心的创造体系。

数字适应无边界理论的基本框架应包含三个递进的维度，一是技术无界，即云计算、5G、区块链等技术构建的基础设施具有贯穿性，实现各层级全覆盖，在各领域尽可能地实现技术赋能。二是管理无界，即个体自我管理的自驱动和自优化的持续调整，以及组织和国家管理架构、运作机制的动态形成，是管理模式随时空变换的动态优化。三是价值无界，即跨生态数据共享驱动的价值网络指数级扩展，数据价值和基于数据衍生的社会价值、效用价值、学术价值、科研价值等全价值网络可见和合规合法传导。

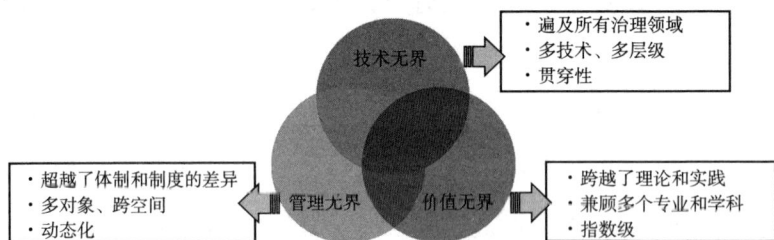

图 1-1　数字适应无边界理论框架

图 1-1 基于数字适应无边界理论，显示数字适应过程中需要完善的体制机制和提升的能力体系，构建形成具有动态演进能力的理论与实践闭环。在技术层面，重点解析区块链、边缘计算、数字孪生等新兴技术的融合机理，特别关注 AI 代理、自主决策系统的伦理嵌入机制，以及异构系统间的量子安全通信协议设计。绘制人机协同能力图谱，构建包含数字素养、跨界思维、算法共情等维度的能力评估体系，设计混合现实环境下的认知增强训练系统。重点突破人机信任建立机制，开发基于神经反馈的协同效能监测工具。在管理层面，优化组织动态拓扑结构，突破传统科层制束缚，研究模块化组织单元的智能重组算法，开发基于共识机制的分布式决策系统。通过博弈论优化资源配置，构建具有自愈能力的弹性组织网络，实现跨域资源的实时按需调度。推动数据治理范式革新，针对多主体数据流动，建立智能合约驱动的权益分配机制，开发数据要素市场的风险对冲模型。在价值层面，创建"数据—信息—知识—智慧"的转化质量评估体系，设计兼顾隐私保护与价值挖掘的联邦学习框架。运用复杂系统理论模拟数字生态的涌现规律，建立生态系统动态演化匹配算法。设计跨链互操作协议，开发价值流转的计量模型，研究智能预警与补偿机制。创建包含数字包容性、技术普惠度、生态可持续性的社会影响多维评估指标体系，建立应对技术冲击的社会结构转型预警系统和社会修复机制。

（三）数字漏斗效应

在当代社会资源的动态重构过程中，一个隐形的筛选机制正在加速运转。一般来说，不同对象的数字适应能力不相同，由于按照公式（1-3）所评估计算的对象数字适应能力存在指数级差异，那么社会发展所自演化形成的筛选机制将逐渐拉大这一差距，最终具备较高数字适应能力的对象"破浪领跑"，能力较差者则将处于滞后被筛选的位置。这个过程是渐进式的，随着技术的不断进步和时间的不断累加而更加明显。这个机制以"中心挤压、四周滞留"为驱动内核，形成优先者的资源虹吸态势，导致社会人才结构分化。这种看似自然形成的资源分配模式，实质上是社会系统在效率优先原则下形成的特殊演化路径。

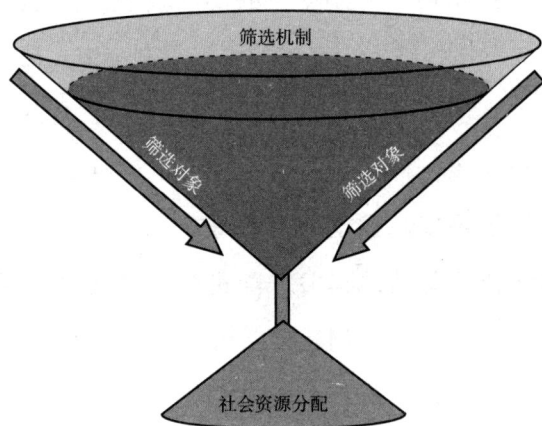

图1-2　数字漏斗效应

如图1-2所示，数字漏斗效应是一种筛选机制，当某个体或群体展现出更高的环境适应能力时，系统会形成优先筛选的通道。这种筛选并非简单的优胜劣汰，而是一种独特的筛选锁定机制。在资源分配的时空维度上，先发优势具有决定性作用。社会资源的流动遵循着类似物理学的"趋光性"特征，也会聚集在最核心的位置，实现与优先筛选出来的个体或群体的高度重合。这些被优先筛选出来的个体或群体将优先主动汲取更多知识和采集更多资源，包括信息渠道、信用背书等隐性资本。这些要素共同构成难以逾越的竞争壁垒，使个体与个体间、群体与群体间的差距变得更大。早期入场者通过时间杠杆构建的"护城河"，往往使后来者的追赶成本呈几何倍数增长，因此后发群体的突破路径面临系统性封锁，这就逐渐形成了底层资源积累的时空错配，后被筛选出来的边缘化的个体与全体在资源占有方面处于劣势状态，这种差异会随时间推移呈现扩大趋势。

在这种筛选的趋势下，个体或群体为获得竞争优势不得不进行能力上全面的发展和适应，挤占漏斗的核心位置，争取优先获得"晋升"机会，人才的专业化结构性将被重塑，很多行业将会受到前所未有的冲击。这种两极分化的现象将会带来社会的不稳定，因此全面进行数字适应能力的提升就显得尤为重要。社会流动通道的收窄将冲击原有价值坐标，需要在坚持效率原则的同时，建立动态平衡机制，坚持社会的公平正义，更好地维持文明的持续进步。

三　数字适应的历史必然性

数字化正在加速物理世界与数字空间的深度融合，这种融合不仅催生新的经济形态，更倒逼社会组织形式和个体生存方式的深度调整。数字适应已超越技术应用范畴，成为在全球舞台上立足与发展的关键要素，演变为关乎文明存续的核心命题。这种适应既源于技术迭代的客观规律，更植根于人类突破认知边界、追求效能跃升的本能诉求。无论是在国内还是国际环境中，具备良好的数字适应能力都具有极其重要的意义。

（一）国内外的数字环境

从国内环境来看，数字技术的广泛应用正在深刻地改变着社会的各个层面。在经济领域，数字经济蓬勃发展，成为推动经济增长的新引擎。传统产业通过数字化转型，实现了生产效率的大幅提升、成本的有效降低以及产品和服务的创新升级。例如，制造业中的智能工厂借助物联网、大数据、人工智能等技术，实现了生产过程的自动化、智能化和精细化管理，能够根据市场需求快速调整生产计划，生产出更加个性化、高品质的产品。在服务业，数字技术的应用催生了众多新业态、新模式，如电子商务、共享经济、在线教育、远程医疗等，极大地改变了人们的消费方式和生活方式。在这种背景下，企业和个人只有具备较强的数字适应能力，才能更好地融入数字经济的发展潮流，抓住新的发展时机，实现自身的价值提升。在社会治理领域，数字技术为提升治理效能提供了强大的工具和手段。政府通过数字化平台，能够实现对社会事务的实时监测、精准分析和高效决策。例如，在城市管理中，利用大数据和人工智能技术可以对交通流量进行实时监测和智能调控，缓解交通拥堵。在公共安全领域，通过视频监控、人脸识别等技术能够加强对社会治安的防控。然而，要充分发挥数字技术在社会治理中的优势，政府部门及其工作人员必须具备良好的数字素养，能够熟练运用各种数字技术和工具进行管理和服务。

从国际环境来看，随着经济全球化的深入发展和信息技术的飞速进步，国际竞争日益激烈。数字技术已经成为各国发展战略的核心之一，各国纷纷加大在数字技术研发、应用和数字基础设施建设方面的投入，下好数字发展先手棋。在国际竞争格局下，一个国家的

数字适应能力直接关系其在全球产业链、供应链和创新链中的吸纳能力。具备较强数字适应能力的国家，能够更好地吸引数字经济领域的投资和人才，推动本国数字产业的发展，提升国家的综合竞争力。同时，在国际合作与交流中，数字适应能力也有助于各国更好地参与全球数字治理，在制定数字领域的国际规则和标准中发挥更大的作用。

从发展与安全双轮驱动的角度看，数字技术的发展为经济社会发展带来了巨大的机遇，但同时也带来了一系列安全风险，如网络安全威胁、数据泄露、数字鸿沟导致的社会不稳定等。为了实现发展与安全的平衡，数字适应能力是激发新动能、推动创新发展的重要保障。一方面是技术上的适应，通过加强数字安全技术研发和应用，建立健全数字安全保障体系，能够有效防范和应对各种数字安全风险，为数字技术的健康发展营造安全稳定的环境。另一方面是技能的适应，通过提升数字适应能力来更好地利用数字技术、来维护国家安全。数字技术具有强大的创新驱动力，能够催生新的产业、新的业态和新的商业模式。只有具备良好的数字适应能力，我们才能敏锐地捕捉到数字技术带来的创新机遇，积极探索新的发展路径和创新模式。例如，在人工智能、区块链、云计算等新兴技术领域，那些能够快速适应数字技术发展趋势、勇于创新的企业和个人，往往能够取得优势，创造出巨大的经济价值和社会价值。

数字适应能力在数字时代具有不可替代的重要性。它不仅是个体和组织在数字化社会中生存与发展的必备技能，也是国家实现经济社会高质量发展、提升国际竞争力、维护国家安全和推动创新发展的关键所在。因此，我们必须高度重视数字适应能力的培养和提升，积极应对数字时代带来的各种挑战和机遇。

（二）存在的问题

在数字时代的剧烈变革中，我们面临很多数字化带来的社会现实问题。适应非线性发展节奏①已成为个人、组织与国家共同面临的生存命题。对个人而言，数字原住民②与数字移民③的认知鸿沟持续扩大，远程协作、碎片化学习、虚实交织的生活方式迫使个体必须重构知识体系——既要在算法推荐中保持批判性思维，又需在数据迷雾中建立数字身份防护机制，更需在智能工具辅助下培育"人机共生"的新型创造力。组织层面，传统科层制正遭遇巨大挑战，微软研究院数据显示，采用混合办公的企业员工专注工作时长平均增加28%，但跨时区协作的时间成本上升46%，同时强调"高效团队与低

---

① 非线性发展节奏指系统演进过程中呈现的非比例性、非连续性和不可预测性，其核心特征是发展速度与路径不再遵循传统线性累积模式，而是在多因素耦合作用下产生跃迁式、分岔式或涌现式变化。

② 数字原住民（Digital Natives）特指出生于20世纪80年代后、成长于互联网深度融入社会环境的一代人，其认知结构与行为模式天然适配数字生态。这个群体对触屏交互、即时通信、多平台协同等数字化场景具有直觉化操作能力，技术工具被其视为生存方式而非外部手段，其信息处理呈现多线程特征，偏好通过短视频、表情符号等非结构化媒介进行表达与社交。

③ 数字移民（Digital Immigrants）则指数字化浪潮前已完成社会化进程的群体，通常为X世代及更早人群。他们需通过主动学习将数字技术"翻译"为既有经验可理解的工具，保留着纸质文档校对、线性工作流程等前数字时代的惯性。技术对其而言更多的是功能延伸而非存在基础，信息获取倾向于深度阅读，沟通方式偏重文字严谨性，面对新兴技术时需经历系统性适应过程。

效团队的生产力差值可达 2.3 倍"（标准差为±37%）①，这倒逼组织架构向"液态化"转型②。国家层面，国家治理面临更复杂的系统性重构，需构建数字主权的弹性边界。既要通过数字基建打破区域发展壁垒，又要设计算法审计制度防范技术权力异化，更需在跨境数据流动中建立新型国际治理范式。这种"三位一体"的数字化转型，本质上是在混沌中重构秩序的能力进化，其核心在于建立技术与人性的动态平衡机制。

1. 数字鸿沟的存在是数字时代面临的严峻问题之一

尽管数字技术在全球范围内迅速普及，但不同地区、不同群体之间在数字技术的接入、使用和数字素养等方面存在显著差距。在一些经济欠发达地区，由于基础设施建设不完善，网络覆盖不足，许多人无法享受到高速稳定的网络服务，这使得他们在获取信息、参与在线教育、远程办公等方面受到极大限制。因信息和通信技术的分布不均衡，一些农村地区和贫困人口，无法充分享受数字经济带来的福利，影响社会公平和经济的全面发展。③ 同时，不同年龄、性别、职业群体之间的数字鸿沟也不容忽视。老年人在适应新技术方面往往面临较大困难，他们可能不熟悉智能手机、移动支付等数字工具的使用，从而在日常生活中遭遇诸多不便。这种数字鸿沟的存

---

① Microsoft WorkLab.（2022）. Making Hybrid work work. 2022 Work Trend Index Annual Report. https：//aka. ms/WorkTrendIndex2022.

② "液态化"转型是通过区块链技术构建可信协作网络，运用数字孪生实现跨时区项目管理，借助联邦学习平衡数据共享与隐私保护，最终形成具有神经突触般动态连接能力的智慧体。

③ 高太山，马源. 中国数字经济发展的问题、机遇和建议［J］. 中国经济报告，2020（2）：6. DOI：CNKI：SUN：JJBG. 0. 2020-02-007.

在，进一步加剧了社会的不平等，阻碍了信息社会的均衡发展。

2. 数据安全与隐私保护问题成为数字时代的焦点

随着数字化进程的加速，个人和企业的大量数据被收集、存储和使用。这些数据包含着丰富的个人信息，如姓名、身份证号码、银行账户信息、健康状况等。然而，在数据的采集、传输、存储和共享过程中，存在诸多安全风险。数据泄露事件频繁发生，给个人和企业带来了巨大损失。一些不法分子通过网络攻击、恶意软件等手段窃取用户数据，用于身份盗窃、诈骗等违法犯罪活动。此外，一些企业在数据使用过程中，可能存在滥用用户数据、侵犯用户隐私的行为，严重损害了用户的合法权益，也破坏了用户对数字技术的信任。

3. 数字技术的广泛应用对就业市场产生了深远影响

数字技术的发展，一方面催生了许多新兴产业形态和就业岗位，如软件开发、数据分析、电商主播、人工智能等领域，为人们提供了新的就业机会；另一方面，传统产业的数字化转型也导致一些重复性、规律性的工作岗位被自动化和智能化技术所取代，使一些传统行业、岗位受到冲击，许多人面临着失业的风险，如工厂流水线工人、传统零售店员等。这种就业结构的变化，要求劳动者具备更高的数字素养和技能，以适应新的就业需求。然而，当前的教育体系和职业培训机制在培养适应数字时代需求的人才方面还存在一定滞后性，现有劳动力技能与市场需求不匹配，这使得部分劳动者在就业市场上面临着技能不匹配的困境，就业稳定性受到威胁。

4. 数字技术发展迅速但关键技术的瓶颈效应凸显

在云计算、大数据、人工智能算法、算力芯片、数据库、工业软件等关键核心技术领域，企业和组织需要不断投入大量资金和人力跟进新技术，增加了运营成本和技术管理难度。同时，新技术应用可能与现有系统和业务流程不兼容，需要进行复杂的改造和整合。而且，有些国家对外依赖程度高，缺乏具有竞争力的原创性产品，制约数据资源的采集、开发和应用。① 技术在使用的过程中，面临着安全和发展的边界问题，衍生出安全流通和伦理隐私方面的权衡问题，导致技术喂养的数据基座难以实现确权、交易和最大限度的开发利用。数字技术与治理的结合部和契合点仍处于模糊区，需要持续探索研究。

5. 数字时代的信息传播方式也发生了巨大变革

社交媒体和自媒体的兴起，使得信息传播变得更加迅速、广泛，但同时也带来了信息真实性难以辨别、虚假信息泛滥等问题。虚假新闻、谣言在网络上快速传播，极易误导公众，引发社会恐慌，甚至对社会稳定造成威胁。算法推荐技术在信息传播中的应用，使得用户陷入"信息茧房"，只接触到自己感兴趣或符合自己观点的信息，这不仅限制了用户的信息视野，也不利于社会的多元交流与共识形成。

问题是时代的声音，也是改革创新的方向。面对数字时代的这些问题与挑战，我们迫切需要进行深入的思考与探索。如何缩小数字鸿沟，确保每个人都能平等地享受到数字技术带来的福祉？怎样加强数据安全与隐私保护，建立健全的数据治理体系，保障用户的合法权益？在数字技术推动就业结构变革的背景下，如何调整教育

---

① 孟浩，王伟强. 数据要素驱动数字经济发展的现状、问题及应对建议［J］. 通信世界，2024（12）：18-19.

和培训体系，提升劳动者的数字技能和就业竞争力？以及如何规范数字信息传播秩序，营造健康、真实、有序的网络环境？怎样迭代来实现技术创新，跟跑甚至领跑数字化发展？这些关乎人类社会在数字时代的未来走向。

第二章　个体的数字适应之旅

"如果你和一群人在大海里游泳遇到鲨鱼怎么办？你要游得比鲨鱼快才行，但这很难做到，那么你只要游得比其他人快就好了。"随着人工智能等数字技术的深度渗透，人们的工作场景被智能协作工具重构，社交方式被虚实交互平台重塑。这种技术迭代的加速度使数字素养从"附加技能"转变为"生存刚需"，个体若无法跨越数字鸿沟，将面临职业竞争力弱化、社会参与度降低、基础服务获取困难等多重困境。然而现实中，技术更迭的认知负荷、数据隐私的泄露风险、算法推荐的信息茧房，以及代际数字鸿沟的扩大化，共同构成数字适应的复合型挑战。需求往往在未触及时被忽略，就像在未下暴雨前难以想到要修缮破旧的房屋一样，数字适应也是如此，我们唯有主动适应，只有比其他人早行一步，提前适应，未雨绸缪，才能在技术普惠背景下找到更利于个体生存的稳定支点。

一　数字革命对个体的深刻影响

在当今数字时代，个体的生活方式正经历着一场前所未有的数字化蝶变。这场变革如同汹涌澎湃的浪潮，席卷了我们生活的每一个角落，深刻地改变了我们购物、社交、娱乐等诸多方面的行为模式与体验。数字化让人们从更高的维度审视现实中的问题。数字适应不仅要适应数字需求，还要能够应对数字风险和挑战，例如数据安全、伦理问题、隐私问题、算法禁锢等等，积极拥抱未来数字时代个人的角色转变，探索全面自由发展的个性化生存之道。

（一）生存环境的重构：从物理空间到虚实共生

Quest Mobile 数据显示，2023 年全球互联网用户日均在线时长突破 7.2 小时，[①] 人类正经历从碳基生存向硅基共生的历史性跨越。这场由 XR、AIoT、区块链等技术推动的生存革命，正在重新定义人类生存的基本范式。

1. 生活：从智能家居到数字孪生家庭

数字化工具全面渗透日常生活，生活方式发生了革命性的变化。电子商务、移动支付已经成为人们生活重要的一部分，现在正在进一步改变人们的生存空间。在 5G+AIoT 技术驱动下，物理居住空间正在进化为虚实联动的智能生命体。中国智能家居设备出货量 2022 年达 2.2 亿台[②]，智能中枢通过分析用户 433 项生物特征数据，可自动调节温湿度、光照和空气成分等。数字孪生技术将物理空间一比一映射至虚拟世界，美的集团实验中的"元家庭"系统，允许用户通过脑机接口在虚拟厨房练习烹饪技能，达到较高的肌肉记忆转化率。

---

① Quest Mobile. 2023 中国移动互联网半年大报告 [R]. 2023.

② International Data Corporation（IDC）.（2023）. China Quarterly Smart Home Device Tracker. [Press Release].Retrieved from https：//my. idc. com/getdoc. jsp？ containerID＝IDC_ P43572.

2. 社交：从社交媒体到元身份建构

社交领域同样因数字技术的发展而焕然一新，社交模式线下与线上并存或从线上向线下迁移。社交媒体平台成为人们沟通交流、分享生活的重要场所。《2023 年中国青年社交行为报告》揭示，Z 世代 62% 的社交行为发生在虚拟空间。[①] 东京早稻田大学的虚拟身份研究团队发现，重度数字内容创作者平均拥有 3.2 个虚拟化身，包括游戏角色、社交媒体虚拟形象等。[②] 区块链技术确权的数字关系契约正在挑战传统社会关系的物理边界。当人类社交带宽的 35% 分配给虚拟关系时，身份认知的重构已成为必然。社交媒体还打破了传统社交圈子的限制，让人们能够结识来自不同地区、不同行业的新朋友，拓展了社交网络，丰富了社交生活。

3. 娱乐：从感官刺激到五感重塑

数字技术也为我们的娱乐生活带来了丰富多彩的体验。在线视频平台满足了人们多样化的娱乐需求。短视频平台让娱乐变得更加碎片化和个性化，缓解生活压力。数字音乐平台让人们随时随地享受高品质的音乐盛宴。网络游戏为玩家提供了沉浸式的游戏体验，让人们在虚拟世界中释放压力、享受乐趣。据统计，2023 年 VR+AR 设备全球出货量近 857 万台[③]，脑机接口设备"技能下载"成为可

---

① 中国青少年研究中心 . 2023 年中国青年社交行为报告 ［R］. 2023.

② 元宇宙社交：当数字分身成为人类的第二身份 ［EB/OL］. （2025 年 5 月 26 日）. https：//www. sohu. com/a/898817982_ 122431237.

③ CINNO Research：2023 年全球 AR/VR 出货 857 万台 同比下滑 15.6% ［EB/OL］. （2024 年 7 月 3 日）. https：//baijiahao. baidu. com/s？ id = 1803537232496034482&wfr=spider&for=pc.

能。Neurogress 公司的运动技能传输系统，通过分析职业运动员的神经元信号，使普通人篮球命中率提升。这种神经可塑性改造正在模糊娱乐与教育的界限，也引发关于"认知产权"的伦理争议。

数字依赖已经成为当前人类不得不正视的关键性问题，人类在获得无限延展生存空间的同时，也面临着根本性的存在危机：当记忆可以云端备份、情感能够算法模拟，物理肉身是否仍是人类存在的必要条件？隐私边界消融带来的认知紊乱，虚实交替引发的时空错位，都在叩问着文明演进的方向。这场由 0 和 1 编码的生存革命，正在将人类推向前所未有的进化十字路口。人类生存方式的底层逻辑已被彻底改写，我们终将在数字与原子的交织中，重新审视"存在"的价值与意义。

（二）职业生态的变革：技能迭代与工作方式转型

我们正站在职业文明演化的奇点上，传统的工作伦理、能力框架和职业路径都在经历新的冲击。

1. 技能代谢周期缩短

当摩根大通宣布全体分析师必修 Python 编程时，华尔街的咖啡间里流传着黑色幽默：那些曾被视作"铁饭碗"必备的金融建模技能，保质期已缩短至 18 个月。这并非孤例，全球顶尖咨询公司麦肯锡的调研显示，到 2025 年，50% 的劳动者需要接受技能再培训以应对技术变革，核心工作技能的变化速度将比过去加快30%~40%，导致劳动者需持续更新技能组合。[①] 技能迭代已从五

---

① McKinsey Global Institute. （2021）. The Future of Work：after COVID-19. https：//www. mckinsey. com/mgi/our-research/the-future-of-work-after-covid-19.

年计划的节奏，演变为持续代谢的生存本能。在杭州未来科技城，工程师们的工作台配置耐人寻味：左边是 3D 建模工作站，右侧实时滚动着最新开源框架的更新日志——知识的半衰期正在以肉眼可见的速度缩短。

2. 工作场所的原子化迁徙

Zoom 股票在疫情期间（2020 年 3～10 月）累计涨幅超过400%，① 暗喻着物理办公场所的瓦解。国际劳工组织（ILO）报告显示，截至 2023 年第三季度，全球全职远程工作者数量已达 6.8 亿人，② 微软 Mesh 平台支持全息投影会议，触觉反馈手套让握手传递真实力度。当 GitHub、Automattic 等科技巨头率先实现全员远程，一种颠覆性的职业拓扑正在形成。当前，全球"数字游民"数量已达4000 万人，到 2030 年预计将达到 6000 万。③ 他们在物理世界旅居的同时，通过 AR 眼镜维护着多个虚拟工作身份。清迈的数字游民用Starlink 卫星网络参与硅谷项目路演，里斯本的 UI 设计师同时为三家跨国企业输送创意。这种空间解耦催生了"职业游牧民族"，他们带着笔记本电脑穿越时区，工作产出却更深地嵌入全球产业链。更具革命性的是元宇宙办公平台的崛起，NVIDIA Omniverse 中，分布四大

---

① Zoom 大裁员，钉钉、飞书、企业微信加快搞钱［EB/OL］.（2023 年 2 月 13 日）. 取自：https：//baijiahao. baidu. com/s? id = 1757714486571930195&wfr = spider&for = pc.

② 远程办公如何重塑全球劳动力市场［EB/OL］.（2025 年 6 月 2日）. 取自：https：//baijiahao. baidu. com/s? id = 1833780799279865087&wfr = spider&for = pc.

③ 泰国"数字游民"签证：中企出海新机遇？［EB/OL］.（2025 年 4月 29 日）. 取自：https：//baijiahao. baidu. com/s? id = 1830722149107975459&wfr = spider&for = pc.

洲的汽车工程师正协同调试虚拟原型车，物理距离在数字孪生中彻底消弭。这种碎片化生存使人类首次实现"地理位置自由"，但也带来数字过载导致的多重人格风险。

3. AI 同事与人类的价值重定位

深圳智能制造工厂的车间里，机械臂群组正在深度学习系统的指挥下完成精密装配，而它们的"人类同事"工程师们，此刻正在调试 AI 行为伦理约束模型。这个看似悖论的场景揭示着残酷真相：重复性脑力劳动岗位正在经历"数字达尔文主义"的清洗。生成式 AI 可能显著改变全球全职岗位的工作内容，其中部分任务将被自动化，但技术的更迭带来的可能是提升生产力而非直接消除岗位。在硬币的另一面，提示工程师、AI 训练师、数字伦理官等新物种岗位破土而出，人类工作者开始向"机器牧羊人"的角色进化，专注决策、创造与价值判断的不可替代领域。

在这场职业大迁徙中，三个范式转移正在重塑游戏规则：传统职业阶梯瓦解为技能模块的乐高式组合，终身学习从"美德"变为"呼吸"般的生存本能；工作价值评估体系从时间度量转向成果交付，OKR 管理工具正在吞噬打卡机的市场；更为深刻的是人机关系的重构——当 GPT-4 能撰写专业报告，人类的核心竞争力正回归至苏格拉底时代的哲学命题：批判性思考、情感共鸣与价值创造。站在职业文明的十字路口，未来的工作图景既令人战栗又充满诱惑。或许正如管理学家汤姆·彼得斯预言的："我们的后代将难以理解'找工作'这个概念，就像现代人无法想象电报员这个职业。"当代码与人类智慧开始共舞，职业生态的这场静默革命，终将重新定义"工作"本身的元意义。

（三）认知能力的挑战：信息爆炸与注意力稀缺

当你乘坐地铁时，发现每个人都在滑动自己的手机屏幕，这个充满仪式感的集体行为，构成了数字时代最震撼的认知图景。人类大脑正经历着自文字发明以来最剧烈的适应性进化，但这场进化伴随着痛苦的排异反应：全球成年人数字设备使用者平均注意力切换间隔为8秒，恰与金鱼持平，数字环境增加了干扰源，导致注意力分配策略变化。我们引以为傲的认知宫殿，正在信息雪崩中经历结构性的崩塌与重组。

1. 碎片化认知的神经重塑实验

视频时长缩短可能伴随内容密度提升。在社交媒体平台中，内容相关性对30天留存率的边际效应约为两成。这个残酷的数据背后，是正在被重新构建的神经突触的一种连接方式。北京字节跳动总部的算法工程师透露，他们的系统能精准捕捉用户眼神失焦的瞬间，在0.3秒内推送更强刺激的内容。这种数字多巴胺的精准投喂，正在制造认知领域的"快餐依赖症"。初步研究表明，频繁的多任务处理可能削弱前额叶-顶叶网络的功能整合，而负责即时奖励的伏隔核却异常活跃——这解释了我们为何越刷短视频越难以阅读长文。

2. 算法茧房里的认知侏儒化

身处信息时代，用户看似获取海量信息，实则陷入"越学越焦虑，越焦虑越学"的恶性循环，最终暴露系统性知识建构的缺失，算法构建的信息乌托邦显露出狰狞本质。这一现象在得到、知乎Live、喜马拉雅等主打短平快知识产品的平台中均有不同程度体现。推荐系统创造的认知回音壁，正在制造大规模"专业幻觉"：国外的美妆博主自信能解构量子力学，B站财经UP主的粉丝认为已掌握华尔街炼金术。更危险的是认知偏振效应，实验研究表明，算法推荐可能加剧观点极化，使跨群体信息共享减少，人们被困在自证正确的逻辑孤岛里，用数据碎片搭建起偏执的认知堡垒。

3. 认知免疫系统的数字进化

面对这场认知危机，人类开始发展出新型防御机制。在旧金山，认知训练师指导金融从业者进行"信息深潜"，通过特制眼镜屏蔽弹窗消息，逐步恢复持续三小时的深度阅读能力。东京早稻田大学的实验室里，脑机接口设备正尝试将神经反馈信号导入推荐算法，当系统检测到用户陷入信息过载，会自动触发数字排毒程序。更具革命性的实践发生在欧洲，芬兰赫尔辛基大学的 HIIT 实验室曾实验"认知干扰算法"，柏林 AI 伦理研究所提出"知识拓扑重组"模型，均试图在信息过滤机制中植入非连贯性思维刺激。部分欧洲科技团队正试图通过反常规的"反推荐系统"对抗信息茧房。这种技术路径本质是对图灵"机器能否主动制造认知混乱"命题的现代回应。

数字时代认知生态的巨变催生出三个颠覆性转变。一是知识获取从主动狩猎演变为被动投喂，批判性思维退化为条件反射式的点赞行为。二是认知权威体系被算法赋权解构，博士头衔的含金量开始受到网红影响力指数侵蚀。三是更本质的变化发生在认知维度——人类正在失去处理复杂叙事的基本判断能力。但转机或许藏匿于危机深处，就像生物进化史上的寒武纪大爆发一样，当前认知系统的震荡可能孕育着新的智慧形态。当元宇宙建筑师在虚拟空间重建亚历山大图书馆时，刻意保留了信息迷雾机制——每个进入者必须先解开哲学谜题才能获取知识。这个充满隐喻的设计提醒我们：认知能力的真正进化，不在于吞噬信息的数量，而在于构建思维的反脆弱性。在数字洪流与神经可塑性的角力中，人类终将在算法的茧房中破茧，或在信息熵增里沉沦，这场关于认知主权的战争，将决定下一个文明纪元的样貌。

二　个体数字适应的核心维度

数字文明浪潮催生的生存环境质变，使个体数字适应从可选技能升维为生存刚需。Gartner 预测，到 2025 年，75%的企业关键业务决策将依赖数字化可追溯数据，而消费行为的数字化记录覆盖率预计达 60%①，数字身份认证、智能合约签署等基础生存技能已成为现代公民的"数字呼吸"能力。这种适应具有显著的全面性特征，要求认知重塑（理解算法逻辑）、行为重构（掌握 XR 交互）、价值系统进化（建立数字伦理）的协同发展。这要求构建包含技术素养、数字韧性、元认知能力的系统性适应框架，以应对虚实共生时代的生存法则。

（一）个体数字适应的必要性

在数字化转型加速的今天，数字技术正以"润物细无声"的方式影响着社会运行逻辑。这种背景下，个人的数字适应力不仅关乎职业竞争力——数据显示，具备数据分析、智能设备操作等数字技能的从业者薪资溢价达 37%，更直接影响生活质量——从线上政务办理到智能家居操控，数字素养已成为解锁现代生活便利的密钥。

---

① Gartner. 2025 年数字化决策成熟度报告［EB/OL］. 2024：23-25. https：//www. gartner. com/en/documents/4101505.

而更深层的意义在于，数字适应力是维系社会参与的基础能力，缺乏数字技能者将面临社会关系断裂的风险。通过持续学习提升数字素养，既是个人把握时代机遇的必然选择，也是避免在数字鸿沟中掉队的生存智慧。

1. 生存刚需：数字排斥下的社会边缘化风险

（1）公共服务数字化带来准入壁垒。根据国家卫生健康委数据，2022年中国独居老人约4200万，其中仅19.3%能独立完成在线问诊。[1] 三甲医院智能导诊系统在70岁以上群体中的初次使用障碍率为41.5%，[2] 适老化改造可显著降低这种数字排斥正在制造的新型社会隔离。更隐蔽的壁垒存在于智能政务场景，根据国家信息中心数据，2023年西部地区政务服务线上办理综合覆盖率为62%，较东部地区低24个百分点，[3] 地域数字鸿沟持续加深。

（2）消费场景迁移引发参与障碍。中国饭店协会《2022中国餐饮业调查报告》显示，2022年全国餐饮企业扫码点餐系统渗透率约为75%（一线城市达85%），较2020年提升40个百分点。[4] 65岁以上老年人扫码点餐的平均操作时长是使用纸质菜单的1.8倍，9.6%的老年人会因操作困难而放弃消费。[5] 数据表明，数字化转型在提升效率的同时，仍需重视不同群体的适应性差异，防止数字化成为生

---

[1] 中国老龄科学研究中心.（2023）. 中国城乡老年人数字健康素养调查报告. http：//www.crca.cn/.

[2] 中国信通院. 人工智能医疗器械产业发展白皮书［R］. 2023.

[3] 国家信息中心.（2023）. 数字中国发展报告（2023年）. 人民出版社. ISBN 978-7-01-026548-3.

[4] 中国饭店协会. 2022中国餐饮业调查报告［R］. 2022.

[5] 数字适老化及信息无障碍联盟. 数字技术适老化发展报告（2022）［R］. 2022.

存绞索。

2. 发展必需：数字经济时代的竞争力重构

当前，数字经济正以不可逆的趋势增加重塑就业市场，催生出一套全新能力评估体系。这种竞争力重构在三个维度显现威力：首先，数据素养成为职场新门槛。国家统计局数据显示，2021 年具备数字工具应用能力的从业人员工作效率平均提升 58.6%。[①] 据中国信息通信研究院 2023 年统计数据，分析师岗位需求较 2020 年增长 198%，行政文员岗位需求下降 34.7%。[②] 其次，工具协同能力决定创新边界。智能工厂中，掌握数字孪生技术的工程师故障诊断速度提升 5.8 倍。[③] 领禾数据显示，2024 年具备 Python 自动化处理能力的财务人员较基础岗位平均薪资高 4120 元/月，地域差异导致北上广深等一线城市岗位最高可达 6700 元收入，[④] 数字技能溢价效应持续扩大。再者，人机协作素养改写职业天花板。百度智能云调研表明，善用 AI 辅助设计的建筑师方案通过率是纯人工设计的 1.8 倍。[⑤] 但能力重构伴随阵痛，数字工具正在制造新型知识垄断。数字工具应用方面，中国商业联合会数据显示，2023 年使用专业数据分析工具的人群中硕士及以上学历者占比为 68.5%，其中大数据分析师岗位

① 国家统计局 . 数字经济及其核心产业统计分类（2021）[S] . 2021.

② 中国信息通信研究院 . 中国数字经济发展白皮书（2024）[R] . 2024.

③ 联合国可持续发展解决方案联盟 . 2022 年可持续发展报告 [R] . 2023.

④ 领禾 . 2025 年中国薪酬指南报告 [R] . 2025.

⑤ 住房和城乡建设部科技与产业化发展中心 . 中国智能建造发展蓝皮书（2024）[M] . 中国建筑工业出版社，2025.

硕士占比为 73.2%，① 这导致技术赋能反而加剧阶层固化，数字技能差异正在撕裂劳动力市场。

3. 心理安全：数字身份与自我认同的平衡

中国互联网络信息中心数据显示，2023 年 18~35 岁网民人均持有 2.8 个网络账号（含社交、购物、娱乐等平台），较 2021 年增长 17%。② 该年龄段群体中 19.6% 存在线下社交回避倾向，其中数字原生代（2000 年后出生）的社交焦虑发生率较前代提升 14.3 个百分点，③ 甚至有人被心理医生诊断出其存在"数字人格分裂"倾向。在 Z 世代出现自我价值认知偏差并非个例，虚拟身份的过度延伸正侵蚀心理根基，数字空间正在批量生产焦虑个体。人们常常会挑选自己生活中最精彩、最美好的瞬间进行展示，以获取他人的点赞和评论。这种行为在一定程度上反映了个体过度依赖和渴望他人认可并以此构建自我认知，导致个体在虚拟与现实之间产生认知偏差。当个体过于追求虚拟世界中的认可时，可能会忽视真实自我的需求和发展，陷入一种对自我价值的迷茫与困惑之中。

研究发现，高频率多任务切换（如每小时切换工作界面超 12 次）会使背外侧前额叶血氧水平依赖信号（BOLD）增强。例如，持续 3 小时数字身份切换实验组的 Stroop 测试错误率较对照组上升。伴随多觉延伸，数字足迹管理引发更深层次持续性焦虑。国家互联网

① 中国商业联合会. 中国数据分析行业人才指数报告（2024）[R]. 2024.

② 中国互联网络信息中心. 第 52 次中国互联网络发展状况统计报告 [R]. 中国工信出版集团，2024.

③ 孙向红，蒋毅. 心理健康蓝皮书 [M]. 社会科学文献出版社，2025.

应急中心数据显示，2024 年个人信息泄露相关安全事件同比增长 65.3%。[①] 在网民中，56.3% 的网民遭遇过精准诈骗，高风险群体年均接触诈骗信息约 23 次。[②] 当前，深圳已推出"数字分身销毁"服务，当地 7 家第三方数据服务商提供跨平台数据清理服务，其中安数科技公司的"数字分身清理"业务覆盖微信、淘宝、抖音等 12 个主流平台，这折射出现代人面对数字遗迹的深层恐惧。

（二）个体需要适应的维度分析

数字适应的本质是技术具象化与人性持存性的动态平衡。每个适应维度都蕴含着三重辩证法：技术延伸与认知保留的张力、信息开放与隐私闭合的博弈、虚拟自由与生物约束的调和。未来的数字公民既需在技术环境中做出适应性选择，也要保持责任伦理自觉，在技术迭代中守护人的完整性。这种适应不是被动妥协，而是"向技术本质敞开"的生存智慧，在技术座架中开辟出属人的自由空间。

1. 技术适应层

智能设备成为"感官延伸"。数字时代一个显著的特征就是智能设备的兴起和普及，从折叠屏手机到智能座舱，设备迭代速度超过生物适应周期。智能设备已经从传统的工具演变成人们"五感"的延伸。这种转变要求个体能够掌握两种基本能力：一是"设备语言翻译能力"，即将设备捕捉的信息作为自己思维拓展和知识体系重构

---

① 国家互联网应急中心. 2023 年中国互联网网络安全报告［R］. 人民邮电出版社，2024.

② 中国互联网络信息中心. 第 52 次中国互联网络发展状况统计报告［R］. 2023.

技术适应层　　　　　　　　　认知适应层

设备语言翻译能力

操作范式动态迁移能力

冷思考能力

数字编制能力

信息过滤、甄别、批判能力

数字分心抵抗能力

数据主权捍卫意识
和隐私保护能力

数字诱惑破解力

时间约束力

有效社交能力

伦理适应层　　　　　　　　　健康适应层

图 2-1　个体适应的维度构建模型和能力体系框架

的新感官。二是"操作范式动态迁移能力",即智能设备的使用具有通用性,也具有专业性,要能够用信息化的思维和已掌握的数字知识进行逻辑推理和技能升级,触类旁通,螺旋上升。

新兴技术需要理解降维。面对 DeepSeek 等生成式 AI 的爆发增长,"技术理解力"正从专业壁垒转化为生存素养。我们要保持对技术的"冷思考能力",就像之前的大数据、元宇宙等技术热潮一样,不能将对新技术的理解停留在技术崇拜或恐惧的层面,而需要建立"技术透视思维",例如:了解自动驾驶纯视觉方案在暴雨/暴雪场景下的目标识别错误率为 3.1%~5.8%,多传感器融合系统可将误判率降至 0.7%~1.2%;[①] 明白区块链的不可篡改性不等于绝对安全。

构建数字工具链是实现生态化整合关键路径。数字产品林林总总,我们除了要了解且可操作外,还要能够将这些工具进行"矩阵

① Goberville N. A., Ahmed S., Iliev S., et al. Automated Vehicle Perception Sensor Evaluation in Real-World Weather Conditions [J]. SAE report, 2023, 000 (4): 8. DOI: 10. 4271/2023-01-0056.

化"。例如：对于日常的工作来说（生活、学习亦是如此），可以把工具分成三类（不同的工作按照其专业性呈现差异的特点）：一是核心生产工具，包括文件编辑软件、图像处理软件等；二是辅助工具，包括翻译软件、管理软件等；三是应急工具，包括数据恢复软件、加密传输软件等，形成一个"3XN"（例子中 N＝2）的矩阵对工具进行管理。这要求我们具有"数字编制能力"，使用普适的数据工具链管理方式应对不同的场景，并能够根据不同的场景筛选和增减需要的数字工具，做到在工具利用效率（完成任务时间）与认知负荷（心智资源消耗）间建立动态平衡。

2. 认知适应层

信息甄别的"认知免疫系统"亟待形成。每天人均接收的信息量巨大且多属于未经核实的碎片信息。这就需要我们具有信息过滤、甄别、批判的能力，培养"信息抗体"。首先我们需要建立完备的信息过滤机制，包括：来源追溯（查证发布机构资质）、交叉验证（对比三个以上信源）、动机分析（识别商业推广或认知操纵）。然后对关键信息进行"论证结构解剖"，识别数据—根据—结论的推理链条完整性。在这个过程中，需要避免"思维陷阱"，当遭遇认知冲突时，避免陷入推理的自我辩护循环。

注意力管理的"心智带宽"需要优化。通过实验测得，每小时切换任务超5次的工作组，2小时后任务完成效率下降28%±7.4%。[1]我们要具备"数字分心抵抗能力"。对抗"数字分心症"的有效策略

----

① Mark G. , Víctor M. González, Harris J . No task left behind？Examining the nature of fragmented work ［J］. DBLP, 2005. DOI：10. 1145/1054972. 1055017.

包括：一是打造"认知屏蔽空间"，可在专注时段关闭数字设备的信息通知；二是实施"注意力预算管理"，将任务分为 15/45/90 分钟单元，用短时间的单任务模式运作；三是建立"数字放逐机制"，每周保留一定的"离线时间"。

3. 伦理适应层

数据主权的"数字人格"需要捍卫。虽然我们的手机上安装了很多的应用，但是谈到数据主权，我们在使用 App 时却很少完整地阅读隐私协议，这导致我们的隐私数据具有被隐藏式"拟合理化"使用的风险，出现为便利性让渡数据权利的现象。在当前的数字环境下，如果不善于管理自身的隐私信息，那么在法律法规和体制机制不完善的情况下，我们的合法权益将不会被有效保护。因此，这要求我们具有一定的数据主权捍卫意识和隐私保护能力，降低个人隐私信息泄露风险。一是定期进行"权限审计"，关闭非必要定位/通讯录权限。二是实施"身份碎片化"，不同平台可使用差异化信息。三是善用"数据遗忘权"，定期删除历史记录。

消费主义的"欲望解码"需要破解。来源于直播带货的冲动消费转化率是传统电商的 4 倍，背后是精准的神经刺激设计。数字技术在给我们带来数字红利的同时，也给我们精心设置了一个个"茧房"。这实际上是通过信息的不对等关系形成的"精神控制策略"。面对数字信息的诱惑，要具备"数字诱惑破解力"，保持思维的冷静，可以通过建立"需求验证机制"，破解消费陷阱。一是验证是否必需，二是验证使用价值，三是验证持有成本。区分商品的实用价值（使用价值）与符号价值（社会意义）。例如：购买最新款的手机，可以分析是为了满足性能方面的使用需求，还是仅仅为了满足身份标识的象征需求。

4. 健康适应层

世界卫生组织将"屏幕沉迷"列入新型健康风险，建议实施"442用眼法则"：每40分钟屏幕使用，注视4米外景物20秒。更根本的解决之道在于具备"时间约束力"，建立"数字膳食平衡"。除去睡觉休息时间，每日的"主食"是学习工作，"甜品"是社交娱乐，"蛋白质摄入"是知识拓展，辅以每日1小时"无屏运动"。通过自我约束，打破数字诱惑的"心理预期奖励循环"，避免陷入短视频、微短剧、网上购物等中无法脱身。

虚实空间的社交平衡需要找到"现实锚点"。为保持身心健康，需要我们具备"有效社交能力"，破解虚拟社交依赖，增强线下社交的成效。数字身份对人具有很强的掩饰作用，甚至出现虚拟空间和真实空间的同一个人性格、人设大相径庭的现象，这就引发了很多不可控的社会风险和管理挑战。现阶段，数字身份的甄别和约束机制尚不健全，从社会有序治理的角度来看，仍处于需要个体自觉自律的阶段。需要设置合理的社交价值衡量指标，若让点赞量成为社交价值衡量标准，可能引发关系深度贫困化，人的社会属性将有所欠缺。

站在人类与技术的交汇点，适应力的进化不再是可选课题，而是必答题。当我们既能驾驭AI创作诗歌，又能在烛光下诵读纸质书；既善用大数据优化决策，又保持直觉判断的敏锐，或许就能找到那个"数字与原生态"的黄金分割点，在比特与原子共舞的时代，守护完整的人性光谱。

三　个体数字适应困境与应对策略

在数字时代的浪潮下，个体在积极适应数字化生活的过程中，不可避免地遭遇了一系列严峻的挑战。这些挑战犹如暗礁，潜藏在数字海洋的深处，对个体的数字适应之旅构成了威胁。其中，数字鸿沟与隐私安全问题尤为突出，需要我们高度重视并积极寻求应对之策。

（一）典型困境剖析

在数字技术重构人类生存方式的进程中，技术代际鸿沟、隐私安全问题、算法操控陷阱、数字身份异化等构成多重困境。这些困境不仅折射出技术文明演进的内在矛盾，更暴露出数字化进程中社会伦理建设的滞后性。

1. 技术代际的数字鸿沟是个体在数字适应过程中面临的一大难题

它主要体现为不同群体在数字技术的接入、使用和数字素养等方面存在的显著差距。从年龄维度来看，老年人往往成为数字鸿沟的受害者。据统计，2023年我国60岁及以上人口达2.64亿，其中仍有45.6%无法独立完成扫码支付、在线挂号等基础数字操作，约合1.2亿老年人面临数字化生存的适应障碍。[①] 由于对新技术的接受能力相对较弱，许多老年人在面对智能手机、移动支付等数字工具时感到力不从心，频繁遭遇技术壁垒。在日常生活中，他们可能会因为不会使用电子支付而在购物时遇到困难，无法享受线上预约挂号带来的便利，甚至在乘坐公共交通时也会因不懂扫码乘车而陷入尴尬境地。这种困境的深层根源在于技术迭代的加速度与社会支持体系的错配：智能终端的交互设计遵循"年轻本位"思维，社会适老化

---

① 王红漫. 中国健康老龄化发展蓝皮书（2023-2024）[M]. 华龄出版社，2024.

改造多停留在放大字体、简化界面等表层改良。更深层的代际矛盾体现在认知框架的断裂上。成长于纸质媒介时代的银发群体，其信息处理方式具有线性化、具象化特征，与数字原住民碎片化、超链接式的认知模式形成代际冲突。当技术发展速度超越社会群体的适应阈值，技术排斥就演变为系统性社会排斥。从地域角度而言，农村地区与城市地区之间存在明显的数字鸿沟。农村地区的网络基础设施建设相对滞后，网络覆盖范围有限，网速较慢，这使得农村居民在获取信息、参与数字经济活动等方面受到极大限制。一些偏远山区的孩子无法像城市孩子一样，通过在线教育平台拥有优质的教育资源，这进一步加剧了教育不公平。

2. 隐私安全问题也成为个体数字适应过程中的一大隐患

在数字时代，个人信息的收集、存储和使用变得无处不在。我们在使用各种数字应用程序时，往往需要授权其获取大量的个人信息，如位置信息、通讯录、通话记录等。然而，部分企业和个人为了追求经济利益，可能会滥用这些信息，甚至将其泄露给第三方。近年来，数据泄露事件频频发生，给个体带来了巨大的损失。一些不法分子通过获取用户的个人信息，进行精准诈骗，导致用户财产受损。一些社交平台上的用户信息被泄露，使得用户的隐私暴露在公众视野中，给用户的生活带来了诸多困扰。网络诈骗手段层出不穷，如钓鱼网站、虚假二维码、电信诈骗等，让人们防不胜防。

3. 算法操控下的行为成瘾成为个体数字过度适应的陷阱

短视频平台的推荐算法已形成完整的神经操控体系。通过精密眼球追踪技术、多模态内容分析等手段造就的"时间黑洞"现象，使用户日均使用时长突破 145 分钟。更为严重的是，算法推荐的即时满足机制正在重塑大脑神经回路，前额叶皮层的延迟满足能力持续弱化,形成类似赌博成瘾的神经依赖。游戏产业的成瘾机制更具系统性特征。通过赛季制排名、每日任务奖励、社交关系绑定构建三维成瘾模型,精确激活大脑伏隔核的多巴胺释放,而社交排名机制则激发竞争本能。研究显示,连续射击类游戏 90 分钟可使背外侧前额叶血氧信号(BOLD)衰减 21%±4.8%,自我控制相关脑区功能连接强度降低 18%,自我控制能力显著弱化。① 这种认知能力的代偿性损伤,正在制造新型数字原生代认知危机。

4. 多重数字身份导致个体虚实交织中的认同危机

调查显示,18~25 岁群体中 85.3% 的受访者承认会根据平台属性调整自我呈现方式,其中高频使用 3 个以上社交媒体的用户出现"身份碎片化指数"(ISI)≥4.2 的比例达 67%,② 这种身份表演导致真实自我认知的模糊化。诸多的社交媒体正在不断催生出人格分裂的数字化生存状态。当数字身份与现实人格的裂隙超过心理学临界值,就会引发严重的自我认同危机。数据追踪技术加剧了身份焦虑。购物 App 通过 3000+ 行为标签构建消费人格,导航软件根据 300 万位置点绘制生活轨迹,形成比个体更精准的"数字孪生体"。算法变得比你还懂你,其最终结果是引发存在主义层面的自我怀疑。当人类不得不在算法镜像中反观自身,主体性危机已然显现。

数字文明的困境本质上是工具理性对价值理性的僭越。破解之道在于重建技术发展的人本坐标:硬件层面推进包容性设计,软件

---

① Sheridan M. A., Prefrontal cortex dysfunction during working memory in adolescents with attention deficit hyperactivity disorder / [J]. [2025-07-02].

② Comscore. 2023 年 Z 世代报告 [M]. 2023.

层面构建算法伦理框架，认知层面培育数字素养体系。唯有在技术创新与社会伦理的平衡中，才能实现真正的数字文明跃迁。

（二）系统性应对方案

在数字化转型的深水区，数字包容性基础设施已成为消除"技术鸿沟"的核心战场。面对这些挑战，个体需要积极采取措施加以应对，辅以政企民系统性联动，形成"标准牵引—技术创新—服务下沉"的协同体系，构建覆盖全场景、全生命周期的数字包容支持网络，共同实现个体数字适应能力和全民数字素养的有效提升。

1. 政府端加强数字包容性基础设施建设，构建立体化公共数字技能提升平台

建立"基础生存—职业发展—创新应用"三级技能框架，将需要掌握的基础技能细化为三类适应性标准。基础生存类涵盖智能设备基础操作（如字体放大、语音输入）、防诈骗识别、紧急呼叫等生存技能；职业发展类分设制造业（工业物联网设备操作）、服务业（智能客服系统使用）、公务人员（电子政务平台应用）等多场景、多领域认证模块；创新应用类包括低代码开发、AI提示工程、数字孪生基础操作等前沿技能认证。对不同数字适应阶段、不同专业背景的个体提供因人而异的适用性提升方案。对于老年人来说，可以通过数字技能培训课程，学习智能手机的基本操作、移动支付的使用方法、在线购物的流程等。子女也可以在家中耐心地教导老人使用数字工具，帮助他们逐渐适应数字化生活。对于农村地区，政府和相关部门应加大对网络基础设施建设的投入，提高农村地区的网络覆盖率和质量。同时，开展针对农

村居民的数字素养培训活动，培养他们的数字意识和技能，让他们能够更好地利用数字技术发展农业生产、拓展农产品销售渠道。

2. 企业端积极推进适应性人机协作的革命性突破

一是认知适配技术落地。通过技术手段感知系统应用用户的操作轨迹，分析形成用户行为画像，实时判断用户数字能力等级。根据用户行为数据，对不同用户展现不同的应用界面，符合用户的日常习惯。对低阶用户定制化布局高频功能，为高阶用户开放 API 调用入口。反复操作失败的用户可自动触发视音频指引，形成多模态引导机制。

二是设备生态协同创新。构建"前端界面—后端系统—外设硬件"的包容性技术生态。根据用户的使用习惯和能力水平，逐步解锁新功能，例如低阶用户软件功能可只满足日常工作生活，高阶用户可以开启智能检索、智能编排等功能，促进个体的持续性学习和提升。通过外设硬件感知用户的情绪变化，当感知到用户因连续操作失败出现焦虑情绪时，智能助手启动并给予情绪关怀。针对残障人士开发触觉反馈套件，帮助他们了解屏幕上的文字、图表等内容。

三是人机协作范式重构。对技能薄弱员工，通过 AR 眼镜自动标注设备操作关键参数，并延长系统响应时间，辅助工人在可容许的范围内高质量完成工作。检测到员工存在操作失误时，通过 3D 投影及时演示正确操作路径，及时做到容错和纠偏。对于复杂的图表处理工作，可以部署专业化的转化软件，将复杂表格自动转化为语音问答流程，降低技术使用门槛。

3. 个体立刻行动，构建个性化数字适应路径

（1）自我诊断

通过研究发现，个体数字能力成熟度可以通过五个基本维度进行评估，包括设备操作、信息处理、网络安全、人机协作和数字创造力。基于此，本节提出数字能力成熟度评估模型（DCM 模型）指标体系（见表 2-1）。个人可以通过自我诊断判断自身的数字能力达到什么阶段。能力等级可划分为三个，L1 基础层（总分<40）需完成 1.1.1、2.1.1 和 3.2.1 等生存级技能强化，L2 应用层（40~70 分）重点突破 4.1.2/5.1.1 等职业发展能力，L3 创新层（>70 分）需在 5.2.1/4.2.3 等创造性维度建立优势。通过表 2.2TAI 量表评测个体对技术的焦虑情况，确定其当前数字技术能力所处的等级，明确需要重点突破的方面。研究还发现，个体在面对数字技术、数字应用等数字化相关事务时普遍存在技术焦虑，我们可以从三个维度进行自我测评，包括认知维度、情感维度、行为维度。每项采用 1~5 分，1＝非常不同意，5＝非常同意。总分计算采用反向计分的方式 0→5，1→4，2→3，3→2，4→1，5→0。详见表 2-2。

$$子维度的分数 = 该子维度下题项平均分 × 子权重 \quad (2-1)$$

例如认知维度中"新技术理解速度"得分为：

$$Score(新技术理解速度) = (题1 + 题2 + 题3) ÷ 3 × 50\% \quad (2-2)$$

维度得分计算式，采用子维度分数求和，乘以权重，即：

$$维度得分 = (子维度1得分 + 子维度2得分) × 维度权重 \quad (2-3)$$

表 2-1　数字能力成熟度评估模型（DCM 模型）指标体系

序号	一级指标（权重）	二级指标（权重）	三级指标（权重）	评估维度说明
1	设备操作（25%）	1.1 硬件操作（10%）	1.1.1 移动设备基础操作（5%）	智能手机/平板开关机、触控操作、基础设置调整能力
			1.1.2 智能家居设备联动（3%）	物联网设备连接、语音控制、场景模式设置能力
			1.1.3 外设连接管理（2%）	打印机/扫描仪连接、蓝牙设备配对、驱动安装能力
		1.2 软件应用（15%）	1.2.1 办公软件核心功能（8%）	Word 排版/Excel 公式/PPT 动画等基础功能掌握度
			1.2.2 专业工具链使用（5%）	Photoshop 图层管理/CAD 基础绘图/SPSS 数据分析等垂直领域工具应用能力
			1.2.3 跨平台协同操作（2%）	多设备文件互传、云文档协同编辑、系统环境配置能力
2	信息处理（20%）	2.1 信息获取（8%）	2.1.1 搜索引擎高阶检索（4%）	布尔逻辑搜索、文件类型限定、权威信源识别能力
			2.1.2 多模态信息采集（3%）	图文扫描转换、音视频关键信息截取、传感器数据读取能力
			2.1.3 暗网数据规避（1%）	非法信息源识别屏蔽、深层网络风险防范能力
		2.2 分析整合（12%）	2.2.1 数据结构化处理（5%）	非结构化数据转换、数据库字段映射、信息分类标签体系构建能力
			2.2.2 多源信息交叉验证（4%）	矛盾信息比对、数据溯源追踪、事实性核验能力
			2.2.3 知识图谱构建（3%）	概念关系可视化、领域知识关联、动态信息更新能力
3	网络安全（15%）	3.1 隐私保护（7%）	3.1.1 隐私设置精细管理（3%）	社交平台可见范围设置、位置信息授权管理、生物识别使用控制能力
			3.1.2 数据痕迹清除（2%）	浏览记录删除、元数据清理、云端数据永久销毁能力
			3.1.3 匿名化技术应用（2%）	虚拟号码生成、区块链身份隐匿、Tor 网络使用能力

续表

序号	一级指标 （权重）	二级指标 （权重）	三级指标 （权重）	评估维度说明
3	网络安全 （15%）	3.2 风险防范 （8%）	3.2.1 恶意软件识别 （3%）	钓鱼链接特征识别、病毒文件检测、异常流量监控能力
			3.2.2 加密体系应用 （3%）	端到端加密通信、数字证书验证、国密算法使用能力
			3.2.3 应急响应处置 （2%）	数据泄露紧急冻结、勒索软件应对、电子证据保全能力
4	人机协作 （25%）	4.1 交互效能 （12%）	4.1.1 自然语言指令理解（5%）	语音助手多轮对话、模糊指令解析、方言适应性交互能力
			4.1.2 智能体工作流设计（4%）	RPA 流程编排、AI 助手任务分解、自动化规则设置能力
			4.1.3 多模态反馈处理（3%）	触觉反馈响应、AR/VR 环境适应、情感化交互设计能力
		4.2 协同创新 （13%）	4.2.1 机器增强决策（6%）	智能推荐系统优化、预测模型结果修正、算法偏见识别能力
			4.2.2 人机能力互补（4%）	机械重复工作委派、创意性任务保留、认知负荷动态分配能力
			4.2.3 虚实空间协同（3%）	数字孪生系统操作、元宇宙办公协作、混合现实任务执行能力
5	数字创造力 （15%）	5.1 创新应用 （8%）	5.1.1 低代码开发实践（3%）	可视化编程工具使用、API 接口调用、简单应用搭建能力
			5.1.2 AI 提示工程（3%）	大模型有效提问、多步指令设计、生成结果优化能力
			5.1.3 技术融合创新（2%）	区块链+物联网应用、AR 导航系统开发、智能硬件改装能力
		5.2 内容生成 （7%）	5.2.1 多模态内容生产（4%）	图文转视频、3D 模型生成、交互式信息图表制作能力
			5.2.2 数字知识产权管理（2%）	原创内容区块链存证、知识共享协议应用、衍生作品合规性判断能力
			5.2.3 沉浸式叙事构建（1%）	虚拟现实场景编剧、游戏化学习设计、跨平台内容联动能力

表 2-2 技术焦虑指数测量量表（TAI 量表）

维度（权重）	子维度（子权重）	题项	评分（1~5分）
认知维度（30%）	新技术理解速度（50%）	1. 我很难快速掌握新推出的技术工具（如智能设备、软件）	
		2. 学习新技术时，我需要反复查阅教程或求助他人	
		3. 面对技术术语时，我常感到困惑	
	系统更新接受度（50%）	1. 我乐于主动尝试系统或软件的更新功能	
		2. 频繁的技术升级不会让我感到困扰	
		3. 我会担心更新后原有功能无法正常使用	
情感维度（40%）	信息过载压力值（50%）	1. 每天收到大量技术相关推送/通知会让我烦躁	
		2. 处理多任务时（如同时使用多个设备或应用），我感到压力大	
		3. 我担心自己无法跟上技术发展的节奏	
	设备依赖焦虑度（50%）	1. 手机/电脑没电或故障时，我会感到不安	
		2. 离开电子设备后，我担心错过重要信息	
		3. 长时间不使用智能设备会让我产生"脱节感"	
行为维度（30%）	技术回避频率（50%）	1. 我会刻意减少使用新技术或复杂功能	
		2. 遇到技术问题时，我更倾向于忽略而非解决	
		3. 购买电子产品时，我优先选择操作简单的型号	
	求助行为模式（50%）	1. 遇到技术困难时，我通常会直接求助他人	
		2. 我很少通过自主搜索解决技术问题	
		3. 即使问题简单，我也需要确认他人的操作步骤	

例如：

认知维度得分 =（新技术理解速度得分 + 系统更新接受度得分）× 30%

$$(2-4)$$

总得分 = 认知维度得分 + 情感维度得分 + 行为维度得分 $\quad(2-5)$

总焦虑指数范围是 0～5 分（保留两位小数）。焦虑的等级划分为三个层次：0～2.0 分为无显著焦虑；2.1～3.5 分为轻度焦虑，建议自我调节；3.6～5.0 分为中重度焦虑，建议专业干预。通过自我诊断，充分了解自身所处状态，为后续的学习和提升做好基础准备。

（2）分阶段提升

针对不同的个体，可根据自我诊断的情况，有的放矢地进行数字适应能力的提升。大致可以分为基础技能补足和高阶能力突破两个阶段。

基础技能补足阶段即"数字扫盲"。针对老年群体触屏手势生疏、界面信息识别困难等痛点，采用"界面元素放大技术+多层级语音导航"双轨教学。课程内置仿实体按键震动反馈功能，在操作微信视频通话、医院挂号系统等刚需场景时，提供分步语音提示。同时配备子女端进度看板，通过家庭微信群同步学习成果，共同缓解新技术焦虑。针对刚入职场的新人，提供职场专用生产力工具箱，进行办公自动化工具链培训，包括电子邮件管理、会议纪要生成等。通过AI生成不同职级沟通话术范例，帮助新人快速掌握职场规则。针对小微企业主打造数字化营销急救包，包括短视频制作、电商运营、营销话术优化、文案生成等。提供针对不同人群的视频或文案模板，实现实体店主向线上推广的需求转型。

高阶能力突破即"专业赋能"。针对技术敏感型人才，设置 AI 协作工作流工坊，为程序员、产品经理等群体提供 DeepSeek、GPT-4、Grok 等专业软件的调用沙盒。开发"需求拆解—提示词迭代—结果校验"全流程沙盘，拆解为数据清洗、图表选择、叙事逻辑等搭建可执行模块，提示词为精准构思、严密逻辑、完善流程等创造辅助模块，校验为数据核验、事实校准、学术研究依据等提供服务模块。针对内容创作者扩展多模态数据工厂，全面接入知网、维基百科等知识库，对接百度、谷歌等高效搜索引擎，吸收社会多领域专业从业者的数据集，归类形成数据中心，并鼓励用户基于条件访问的迭代升级。对于知识类短视频、博客等用户提供角色一致性训练器，解决自媒体账号人设形象多变问题。针对管理者创建数据决策指挥服务，提供决策预测推演系统，在特定场景下快速分析计算计策对整个事项的影响程度，包括风险系数、成功概率、盈亏比例、社会效应等评价指标。通过模拟加快对真实场景的结果预判，及时调整决策方式。采用动态计算模式，辅助管理者预防事件处理过程中的突发情况，实时纠偏。

（3）可持续适应

在技术迭代周期缩短至 18 个月的智能时代，个体数字适应力正从"工具掌握"向"认知代谢"跃迁。基于技术预警、认知重构、生态协作的机制，构建螺旋上升的适应力培养体系。个体不再是技术被动的接受者，而是通过构建"预警—代谢—共生"的完整循环，成为数字生态的积极参与者与规则塑造者。在 AI 即将引发新一轮认知革命的前夜，这种可持续适应模式将成为数字时代的核心生存技能。

个人需要建立起技术追踪的神经网络，通过媒体的智能推送定向了解新技术的发展情况和前沿研究的观点评论，基于自身判断能力，选择性吸纳需要的数字能力为己所用。要能够在获取—舍弃间掌握平衡点，根据个人能力实际合时宜地放弃部分技术或工具，实现数字能力的新陈代谢，保持数字适应能力始终在健康的发展轨道上。基于"自我诊断—持续学习—良性迭代—自我再调节"的螺旋式提升，使自身保持数字适应能力的可持续发展。

在指数级技术变革中，个体应建立"诊断—学习—调适"的螺旋上升机制，提高终身数字韧性。借鉴本节提供的实践思路，不同群体可形成个性化数字适应方案，实现从被动适应到主动驾驭的转变。

（三）未来适应性前瞻

1. 脑机接口：数字适应的神经高速公路

未来个体将适应神经层面的数字化改造，在大脑皮层与电子设备间形成生物融合接口。设计师的视觉皮层直接接入工业建模软件，视网膜投影取代屏幕操作，意念控制建模精度达 0.01 毫米级；语言学习者接受海马体记忆编码刺激，可在睡眠中完成外语语法框架植入。适应重点在于神经防御机制建设。当 TikTok 视频流引发多巴胺异常分泌时，植入式芯片自动激活前额叶抑制回路；程序员的神经接口内置"代码防火墙"，防止 AI 生成的漏洞代码直接写入运动记忆区。最具挑战的是技能代谢平衡——建筑师需定期清除过时的CAD 操作记忆，为参数化设计思维腾出神经突触空间，这个过程如同大脑的"认知版本迭代"。

2. 数字分身：分布式生存的载体革命

个体将适应多线程数字生存状态，通过三类分身拓展存在维度：事务型分身承载标准化技能（律师 24 小时审核智能合同/医生数字替身问诊常见病），创造型分身在元宇宙独立完成跨学科创作（建筑师分身同时处理上海实体博物馆与火星殖民舱设计），学习型分身则在知识云中持续进化（金融分析师分身实时吸收 68 个交易所数据流）。适应难点在于分身协同控制，例如当教师本体在现实课堂授课时，其慕尼黑教育峰会的演讲分身、孟买师资培训的辅导分身需通过量子纠缠保持逻辑一致性。技能传承方式将发生剧变，非遗代表性传承人通过体感分身录制"肌肉记忆全息教程"，年轻学徒经神经接口下载后可还原 92% 的苏绣针法精度。

3. 意识迁移：永生与复制的双重悖论

个体必须适应意识的多载体存在形态。短期会议迁移将工作记忆封装为意识数据包，通过更高带宽的神经网实现多地轮转；年度全意识备份需接受深度扫描，让纳米机器人绘制全脑 860 亿神经元的连接图谱；终极永生迁移则要求直面"量子自我认同困境"——当意识在太空量子服务器和生物脑之间往返时，需通过脑皮层生物钟校验维持本体感知。法律系统或已建立量子意识公证机制，本体与分身的量子态意识波函数通过卫星链路实时比对，法庭可检测出 0.0001% 的意识偏差。医疗领域出现新型适应模式，渐冻症患者的本体转为"生物服务器"，为迁移至量子云的意识体提供基础情感算法支持，这种半生物半数字的生存态重新定义了生命伦理边界。

当人类学会在神经脉冲与量子比特之间自由穿行时，个体能力将呈现指数级扩展——建筑师可同时参与地球生态建筑与太空殖民城设计，医生的诊断精度因接入全球病例量子云而提升，教师的意识分身实现跨文明知识传递。这种主动将碳基生命的脆弱性转化为"生物—数字"双态优势，最终催生出能同时驾驭经典世界与量子领域的新文明形态。

第三章　组织的数字化转型之路

组织的数字化转型正从技术赋能迈向战略布局的新阶段。这场变革本质是数字技术与组织结构变革的深度耦合，通过数据要素的全局流动优化升级组织协同模式，借助智能算法突破传统管理半径，实现决策范式从经验驱动向算法增强的跃迁。当前数字化转型已超越单纯的技术升级，演进为涵盖战略认知、运营模式、文化基因的系统性蜕变——既要构建数字神经系统实现业务全域感知，又需培育防范数字技术风险能力，更要在人机协同中催生智能涌现。组织的数字化转型之路充满挑战与机遇，成功适应的关键在于在数字敏捷性与运营稳定性间找到战略平衡点，实现组织发展的生态化（打破组织边界、构建数字共同体）、智能化（基于数字孪生实现预见性管理）和可持续化（建立技术与人性的动态调解机制）。

一　组织结构的数字化变革

在数字经济蓬勃发展的大背景下，以职能作为便捷的组织领导体系难以适应社会大协同的数字治理需要。越来越多的组织选择向平台化转型，这一趋势已成为组织适应数字化时代的关键策略。平台化组织以其独特的"大平台小前端"结构模式，展现出强大的灵活性和适应性。

（一）敏捷型组织建设

构建传统与数字的融合结构是组织数字化变革的重要方向。在这一过程中，传统组织架构中的人才、观念、技术、流程和传播渠道等要素与新兴的数字元素相互融合、相互促进。

1. 网状组织结构

互联网让组织的各个部门以及组织与组织之间互联互通、相互交织。各主体以业务为导向，实现流程上的交集。这种以互联网连接各个主体的网状结构呈现"去中心化"的特征。这里所谓的"去中心化"并非完全消除管理层级，而是通过数字化工具将组织节点（部门、团队、个人）连接为可自由交互的扁平化结构。每个节点既是信息接收者，也是决策发起者。这种结构在组织数字适应的过程中具有显著的优势。一是信息穿透力增强。节点间通过企业微信、飞书等平台直接沟通，避免层级过滤导致的信息失真。二是资源利用效率提升。节点可根据任务需求自主连接，形成"按需组网"的协作模式。例如：供应链团队与研发部门通过数据中台共享需求预测，实时调整零部件采购与产品设计优先级。三是创新容错空间扩大。节点间的非正式协作可孵化"边缘创新"，即使失败也不会冲击核心业务。但这也给传统的组织结构带来了挑战，尤其是原来的传统组织管理者感觉到权利的分散和流失，因此特别需要在组织中明确责任边界。

2. 虚拟团队运作机制

在处理事件时，不再要求团队的成员都聚集在同一个物理空间，可以便捷地组织不同领域的人快速形成一个团队。当然，同一个人同时也是多个团队的成员。虚拟团队有以下典型的特征：一是成员跨界性。一个团队可能包含研发、市场、法务等多领域专家，形成专业背景的极大互补性。二是身份多重性。员工同时参与多个项目组，根据技能标签动态分配任务。三是工具依赖性。依赖线上会议软件等技术工具实现异步协作。这样的虚拟团队，往往是任务驱动的，团队成员可以根据自身的能力边界、时间安排和工作经验有选择地组建或加入某个团队，将传统的授予式、被安排的工作模式向主动性转化。虚拟组织是组织扁平化在企业之间的一种形式，当市场出现新机遇时，具有不同资源与优势的企业为了共同开拓市场、应对竞争，通过信息网络建立起共享技术与信息、分担费用、联合开发的互利联盟体。通过虚拟组织的形式，各方能够整合资源，发挥各自的专长，高效地应对危机。但这与传统的团队模式相比，虚拟组织中的每个人和组织之间关系相对较弱，导致成员归属感缺失，需要有相应的配套措施提升凝聚力。

3. 传统组织结构的叠加态

数字技术不仅改变了商业规则，更重塑了组织形态的底层逻辑。当传统金字塔式结构与数字化的"网状＋虚拟"模式相互叠加，组织既面临效率与创新的双重突破，也陷入控制与失控的深层矛盾。这种变革并非简单的替代关系，而是新旧范式在冲突中走向有机融合的过程。首先，它具有破解传统组织的刚性之困的赋能价值。数字技术和数字化工具不仅加速了知识的流动，也激活了边缘创新，让组织可以更有弹性地应对发展过程中的诸多不确定性。其次，标准化与个性化深度融合，使得例如连锁经营企业可以通过网络快速且合理地调配资源，提高服务效率和质量。最后，实现了风险的分摊，所有的决策由更加智慧的智能系统提供最优解决方案。因此，数字时代的组织可以是一个大组织的概念，保留有传统团队、部门这些底层不变的逻辑，也附加了所有部门为更广大人民服务的大系统意味。未来，组织既非纯粹科层制，也非完全去中心化，同一组织中，稳定性与灵活性、控制与自主并存。这种辩证统一体将持续进化。

网状结构与虚拟团队共同构成了敏捷型组织的"神经系统"与"细胞组织"。这种组织形态不再依赖固定流程与层级控制，而是通过节点间的自主交互、资源柔性配置与快速迭代能力，实现"越变化越强大"的反脆弱性。未来，随着 AI 代理、数字孪生等技术的普及，组织敏捷性将进一步提升——或许某天，一个由人类与 AI 共同组成的虚拟团队，能在 24 小时内完成从创意到产品的全流程交付，而这正是敏捷革命的终极愿景。

（二）跨部门协同机制

跨部门协同机制的数字化转型，本质是通过技术、数据和规则的有机融合，重构组织内部的价值创造逻辑。数字化流程再造以"端到端自动化"为核心，打破部门间的线性作业壁垒，将串联式审批转化为并联式协作；业务单元数据互通以"数据中台"为枢纽，破除信息孤岛并建立联合决策能力；标准化管理以"规则共识"为基石，通过技术规范与协作模板的统一性设计降低协同摩擦。但在提升效率的同时也需防范工具与制度脱节的风险，须在开放共享与安全管控之间建立动态平衡，避免陷入"数据裸奔"的陷阱，重视兼容标准化与灵活性，避免僵化机制对创新的扼杀。

1. 数字化流程再造

数字化流程再造是跨部门协同的底层引擎，其核心在于通过技术手段解构传统线性流程的"部门墙"，构建端到端的自动化协作网络，实现数据流程从"串联"到"并联"的协作升维。这种变革不仅依赖业务流程管理工具，更需重新定义流程所有权。例如由跨部门专家组成的虚拟团队负责全生命周期优化，确保流程与业务需求动态匹配。流程再造需遵循"三同步"原则：技术工具升级、组织权责重构、员工技能培训并行推进。如此一来，技术为流程优化提供支撑，权责明确保障高效协作，员工技能提升适配新流程，共同推动跨部门协同的数字化转型。

2. 业务单元数据互通

业务单元数据互通是跨部门协同的中枢神经，其目标是通过统一的数据语言破除部门本位主义，构建基于事实的联合决策机制，实现从"信息孤岛"到"决策共同体"的转变。例如销售企业，将目标客户信息统一整理汇聚到同一数据湖，供应链部门可实时获取销售预测数据、调整备货计划，而市场部门则能基于库存深度制订精准促销策略，推动跨部门协同从"事后救火"转向"事前预判"。如此一来，各部门基于共享数据紧密协作，减少沟通成本与决策失误，进一步提升整体运营效率，助力企业在市场竞争中赢得主动。

3. 标准化管理

标准化管理是跨部门协同的稳定器，其本质是通过规则共识降低协同摩擦系数，但需在统一性与灵活性之间寻找契合点，实现从"各自为政"到"一致性行动"的模式升级。标准化管理的最高境界是"看不见的标准"，此时标准已融入日常工作的每个细节，无须刻意强调，却能自然规范行为，达成高效协同。要达成这一境界，组织需持续优化标准流程，加强员工培训，让标准理念深入人心，促使各部门在潜移默化中释放协同最大效能。此外，组织还应建立动态评估机制，根据市场变化与业务发展适时调整标准，确保标准化管理始终契合实际需求，助力跨部门协同不断深化。

三大机制相互依存、彼此增强：流程再造为数据互通提供场景载体，数据互通为标准化管理注入实时反馈，而标准化又为流程优化确立可复用的规则基线。这种协同效应在西门子的智能工单系统、阿里的数据中台战略以及波音的全球协同平台上得到充分验证——企业通过技术工具、治理架构与文化韧性的三位一体建设，将跨部门协作从被动协调升维至主动预判。然而，数字化转型绝非简单的技术堆砌，其深层挑战在于组织惯性的突破与协同心智的重塑。过度数字化可能引发"流程空心化"，数据互通若缺乏权责设计将导致"协同失序"，而机械式标准化则会催生"创新倦怠"。因此，组织需建立动态调适机制：以"敏捷迭代"应对流程优化的不确定性，以"数据联邦"平衡互通需求与隐私风险，以"柔性标准"兼容质量底线与创新弹性。

（三）决策体系重构

在高度不确定性与复杂性交织的数字时代，传统"顶层设计+逐级执行"的决策模式已难以应对快速变化的市场环境。新型决策体系的核心在于打破层级束缚与信息壁垒，通过数据、智能技术与组织形态的深度耦合，构建兼具敏捷性、科学性与韧性的决策范式。

1. 数据驱动的决策模型

数据驱动的决策模型颠覆了以管理者直觉或历史经验为核心的决策逻辑，将客观事实与实时动态置于决策链条的起点。一是决策依据的颗粒度。通过物联网传感器、用户行为埋点等技术，将传统宏观统计指标转化为实时、高维的微观数据流，使决策者能够穿透行业均值迷雾，捕捉长尾需求与隐性关联。二是因果推断与相关性分析的辩证统一。在保留商业逻辑演绎的基础上，引入机器学习对海量非结构化数据进行模式挖掘，识别传统分析框架难以察觉的变量互动规律，例如客户流失的早期预警信号或供应链风险的传导路径。三是决策反馈闭环的加速迭代。借助 AB 测试、数字孪生等技术建立"决策—执行—验证"的短周期循环，通过持续的数据回流修正决策偏差，将传统年度战略复盘压缩至周级甚至天级迭代频率。这一模型要求组织同步完成"数据素养基建"，包括建立统一的数据治理框架、培养管理者量化思维以及重构 KPI 体系以激励数据透明共享，避免局部数据垄断对全局决策的扭曲。

2. 智能决策支持

智能决策支持系统并非替代人类决策主体，而是通过增强智能（Augmented Intelligence）重新定义人机分工边界，形成"机器处理确定性，人类驾驭不确定性"的协同生态。一是复杂环境的动态建模能力。基于深度强化学习构建多目标优化模型，在需求波动、资源约束与风险敞口的多重变量中自动生成帕累托最优解集，例如动态定价策略或生产排程方案。二是认知偏见的系统性矫正。通过对抗性神经网络模拟决策盲区，识别并预警确认偏差、锚定效应等非理性判断倾向，为管理者提供"第二意见"视角。三是实时决策流的自适应编排。当外部冲击导致预设规则失效时，系统可自主调用联邦学习框架下的分布式知识库，快速生成应急决策预案，例如突发舆情下的供应链中断响应策略。该体系的成熟度取决于以下条件：一是基础规则数字化，即将行业 Know-how 转化为算法可识别的知识图谱；二是不确定性量化，即通过概率图模型刻画"黑天鹅"事件的影响域；三是伦理控制机制，即确保 AI 决策符合组织价值观与社会规范。

3. 分布式决策

分布式决策通过赋权一线单元，将响应速度与局部知识深度嵌入决策过程，其运作遵循三大原则：一是决策权与信息权的对称配置。运用区块链技术构建可信数据网络，使前线团队在获得实时现场信息的同时，自动匹配相应层级的事宜决策权限，例如区域销售总监可根据当地库存与竞品动态直接审批促销方案。二是涌现式协同的规则设计。通过智能合约设定决策交互协议（如资源冲突仲裁规则、收益分成机制），使分布式节点的自主决策能够自组织为全局最优，避免"各自为政"导致的资源内耗。三是韧性冗余的动态平衡。在核心战略环节保留中心化否决权，而在执行层鼓励多节点并行试错，通过控制关键变量的变异度来平衡创新风险与系统稳定性。本质上使组织的控制从"防止犯错"转向"快速纠错"，从"标准答案依赖"转向"多样性创新蓄能"，最终在混沌边缘培育出超越机械式管控的有机生命力。

传统的组织是一个自上而下的体系，往往决策的制定需要从顶层传导到基层，效果还要看执行，呈现效能衰减的现象。随着数字时代的到来，新的决策体系更注重数据的快速分析与利用，打破层级限制，让决策能更高效地响应市场变化，提升组织整体竞争力。在新决策体系下，管理者要学会使用善于运用 AI 的人管理人。还要通过组织搭建平台，将基层数据迅速反馈至决策层，各层级紧密协作。借助先进技术，精准把握市场动态，推动组织在数字浪潮中稳健前行。

二 数字技术驱动的组织创新

数字技术犹如一股强大的创新驱动力，在组织的商业模式、生产模式和管理模式等多个层面引发深刻变革，推动着组织不断创新发展，以适应数字时代的激烈竞争。

（一）核心技术创新

数字技术的代际跃迁正重塑组织核心竞争力，核心技术创新成为数字化转型的关键。组织需构建开放弹性、智能协同的技术基座，通过混合云架构实现资源全局调度，依托物联网体系打通物理数字边界，运用数字孪生构建虚实映射的决策中枢。与此同时，行业差异化创新要求技术能力与垂直场景深度融合：制造业聚焦全价值链优化升级，金融业着力于可信价值交换，零售业聚焦沉浸式消费体验。唯有将技术架构升级与行业知识沉淀双向适配，方能实现从技术应用到价值创造的质变跨越。

1. 技术平台架构升级

在数字时代，技术平台架构的升级不仅涉及硬件设施的迭代，更强调技术体系的系统性构建，通过整合前沿数字技术构建开放、弹性、智能的技术基座，为业务创新提供可持续的支撑能力。

（1）混合云架构的深化应用

混合云作为连接公有云与私有云的技术范式。其核心价值在于通过统一的资源调度层，实现跨云平台的计算资源动态分配，既保留私有环境的数据控制力，又享有公有云的弹性扩展能力。在技术实现层面，容器化技术与服务网格（Service Mesh）的成熟使得应用可无缝迁移于不同云环境，而云原生安全体系则构建了覆盖全链路的零信任防护机制。这种架构升级带来的直接效益是资源利用率的显著提升，全球协同开发能力的增强，以及灾备恢复时间从小时级压缩至分钟级。更重要的是，混合云为组织提供了"云边端"协同的技术框架，边缘节点的智能处理能力与云端的大规模算力形成互补，支撑实时数据分析、物联网设备管理等场景需求。

（2）物联网技术的体系化整合

通过部署多模态传感器网络与智能终端设备，组织可实现对设备状态、环境参数、操作流程的全维度感知。在技术架构层面，物联网平台需突破传统垂直烟囱式架构，转向基于微服务的水平扩展体系，支持千万级设备并发接入与毫秒级响应。时间序列数据库（TSDB）与流式计算引擎的结合，使得实时数据流能够直接驱动业务决策，例如在智能制造中实现设备预测性维护的闭环。与此同时，物联网安全架构的升级成为关键，需融合设备身份认证、数据加密传输、固件空中升级（FOTA）等防护机制，构建覆盖"芯片—网络—平台"的全链路可信环境。

（3）数字孪生技术的全景渗透

数字孪生从单点工具演变为组织级的战略能力，其核心在于构建物理实体的动态虚拟镜像。通过融合三维建模、物理仿真、机器学习技术，数字孪生体能够实时映射设备运行状态、工艺流程乃至整个工厂的能效水平。在技术实现层面，需要突破多源数据融合瓶颈，将 CAD 模型、传感器数据、运维日志等异构信息统一为数字化资产。基于强化学习的仿真推演引擎，可对生产参数进行百万量级的组合优化，在虚拟环境中验证方案可行性，从而将传统试错成本降低80% 以上。更进一步，数字孪生与元宇宙技术的结合正在催生"工业元宇宙"新范式，通过 XR 设备实现跨地理位置的沉浸式协同运维，技术人员可在虚拟空间中直接操作设备模型并观察参数变化。

2. 行业差异化创新路径

不同行业的数字化转型存在显著差异，核心技术创新需深度融入行业特有的业务流程与价值创造模式，形成具有垂直领域针对性的技术解决方案。

（1）制造业：全价值链的数字重构

在制造业场景中，工业互联网平台成为连接设备、流程与人员的枢纽。其技术架构需支持海量工业协议的兼容性转换，实现 PLC、CNC 机床等异构设备的统一接入与管理。通过部署工业大数据平台，对设备振动频谱、温度曲线等时序数据进行特征提取，结合机器学习模型实现亚健康状态的早期预警。在供应链领域，智能供应链系统通过区块链技术构建去中心化的信任机制，将供应商产能数据、物流轨迹信息、质量检测报告上链存证，确保全链条数据的不可篡改性。数字孪生工厂则进一步打通从产品设计到生产执行的数据流，在虚拟环境中模拟不同排产方案的物料损耗与能源消耗，指导物理世界的动态优化。

（2）金融业：可信环境下的价值重构

金融业的技术创新围绕风险控制与价值交换展开。区块链清算系统通过智能合约实现交易指令的自动核验与实时清结算，将跨境支付周期从 T+3 缩短至分钟级，同时利用隐私计算技术确保交易方敏感信息的最少化披露。智能风控中台整合多模态数据源，包括非结构化文本（客户投诉记录）、图数据（资金流向网络）、时序数据（交易频率），通过图神经网络捕捉隐蔽的欺诈关联模式。开放银行 API 生态则重新定义了金融服务边界，标准化接口封装账户管理、支付结算等核心能力，使第三方开发者能够快速构建场景嵌入式金融产品，形成"银行即服务"（BaaS）的新商业模式。

（3）零售业：体验驱动的空间重构

零售业的数字化转型聚焦于消费场景的沉浸式再造。全域数据营销平台通过统一 ID 体系打通线上浏览行为与线下购物轨迹，构建360 度客户画像，利用强化学习算法动态优化跨渠道的促销策略分配。AI 视觉货架管理系统集成边缘计算设备，实时监测 SKU（库存量单位）陈列状态、顾客停留热区与拿取动作，通过计算机视觉算法自动触发补货预警或动态调整陈列方案。在元宇宙消费场景中，虚拟现实技术构建三维购物空间，消费者可通过数字分身试穿服装、体验家具摆放效果，而 NFT 技术①的引入使得限量商品具备独特的数字所有权凭证，创造虚实融合的价值交换体系。

这种行业差异化的技术创新路径，本质上是将数字技术的通用能力与行业知识库深度融合的过程。组织需建立"技术—业务"双轮驱动的创新机制，在底层技术平台与上层应用场景之间形成正向反馈循环，最终实现核心竞争能力的代际跃迁。

（二）业务模式创新

数字技术的浪潮正在驱动企业从单向价值传递转向生态化价值共创。在"连接即服务"的时代命题下，业务模式创新已突破传统行业边界，形成技术赋能、组织重构与价值再定义的协同演进。商业模式层面，数字平台重构供需关系网络，将碎片化资源转化为动态

---

① NFT（Non-Fungible Token，非同质化代币）是一种基于区块链技术的数字资产所有权凭证。

服务能力；生产模式维度，数据流与物理流的深度融合催生出自感知、自决策的智能生产系统；管理模式革新则打破科层制的信息茧房，构建起实时反馈的数字化决策闭环。这三重创新并非孤立存在，而是通过技术杠杆撬动"资源—流程—关系"的系统性变革——当企业能够以算法调度闲置资产、用数字孪生提升制造精度、借扁平网络加速组织响应时，便开启了从效率提升到范式颠覆之路。

1. 商业模式创新

数字技术的发展催生出了众多全新的商业模式，其中业主型企业的兴起尤为引人注目。业主型企业通过互联网平台，将分散的个体业主与需求方直接连接起来，实现了资源的高效配置和个性化服务的提供。以滴滴出行和 Airbnb 为代表，滴滴出行通过其强大的打车平台，整合了大量的私家车和出租车资源，让车主能够利用自己的闲置时间为乘客提供出行服务。乘客只需在手机上打开滴滴应用，即可随时随地叫到车，享受到便捷的出行体验。Airbnb 则打破了传统酒店住宿模式的限制，让房屋所有者能够将自己闲置的房屋出租给旅行者。旅行者可以通过 Airbnb 平台预订到各种特色的住宿房源，体验到更加个性化的住宿服务。这些业主型企业借助数字技术，不仅为用户提供了更多的选择和更好的体验，还创造了新的商业价值和盈利模式。

2. 生产模式创新

数字技术推动组织向智能化生产迈进。以工业 4.0 为代表的智能制造模式，融合了物联网、大数据、人工智能等先进技术，实现了生产过程的自动化、智能化和数字化。在智能工厂，生产设备通过传感器与互联网相连，能够实时采集生产数据，并将这些数据传输到中央控制系统。中央控制系统利用大数据分析和人工智能算法，对生产数据进行实时分析和处理，从而实现对生产过程的精准控制和优化。当生产设备出现故障时，传感器能够及时将故障信息传输给控制系统，系统会自动分析故障原因，并派遣维修人员进行维修，大大提高了生产效率和设备的可靠性。此外，智能制造模式还能够根据市场需求的变化，快速调整生产计划和产品设计，实现定制化生产，满足消费者个性化的需求。

3. 管理模式创新

数字技术的应用使得组织的管理更加扁平化、高效化。在传统的层级式管理模式下，信息传递需要经过多个层级，容易出现信息失真和延迟的问题，导致决策效率低下。而在数字化管理模式下，组织通过建立数字化管理平台，实现了信息的实时共享和快速传递。员工可以通过平台直接向上级管理者汇报工作进展和问题，领导也能够及时了解员工的工作情况，并做出决策。这种扁平化的管理模式提高了信息传递的效率和决策的准确性。一些企业还利用项目管理软件，对项目的进度、成本、质量等进行实时监控和管理。项目团队成员可以通过软件共享项目文档、交流工作进展，项目负责人能够随时掌握项目的整体情况，及时发现问题并进行调整，确保项目的顺利进行。

业务模式创新的意义，在于构建数字时代新型的"韧性增长"。商业模式创新通过连接长尾需求释放市场潜能，生产模式智能化推动供给端精准匹配消费升级，而管理数字化则为组织注入持续进化的自适应能力。三者共同编织出"需求即时感知、资源弹性配置、价值循环再生"的商业生态网络，使企业从机械执行者进化为智慧有机体。未来，随着边缘计算、生成式 AI 等技术的深化应用，业务创新将进一步突破物理时空限制：生产系统或将实现"需求驱动制造"的零库存范式，管理模式可能演变为自治组织式的智能合约协作，而商业价值的创造将更加依赖数据要素与人类创造力的共振。这场创新革命不仅关乎技术迭代，更是对商业文明底层逻辑的重构——唯有持续打破认知边界，才能在数字化的混沌中孕育出新秩序。

（三）　数据治理体系创新

数字经济的深入发展推动数据从辅助资源向核心生产要素进化，数据治理体系创新成为释放数据价值的关键。这一体系需突破传统数据管理的工具性思维，构建覆盖数据全生命周期的治理框架，实现从合规管控到价值创造的范式升级。通过架构革新、模式突破与生态协同等方面，组织可建立"管得住、流得动、用得好"的数据治理新模式。

1. 治理架构创新

（1）数据资产管理革新

数据资产管理作为治理体系的基础性工程，需突破传统跨部门协调的松散模式，建立权责明晰的治理架构。包括制定数据分级分类标准、审批数据流通策略、监督数据安全合规。采用"双层决策"机制：执行层由各业务单元数据代表组成，负责需求对接与方案落地；战略层由首席数据官（CDO）领衔，统筹技术路线与资源投入。通过定期召开数据资产价值评估会，动态调整数据开放清单与密级权限，确保治理策略与业务目标实时对齐。

（2）多级数据湖仓的架构设计

为应对海量异构数据的治理挑战，多级数据湖仓架构通过"中心—边缘"协同模式进行数据存储。中心节点部署企业级数据湖，集成高吞吐量计算引擎与 AI 训练平台，承担全量数据的长期沉淀与深度挖掘；边缘节点则依托智能网关设备，在数据源头完成实时清洗、脱敏处理及轻量化分析，仅将高价值数据摘要回传中心。这种架构大幅降低网络传输负载，同时满足低延时业务场景需求。数据分层存储策略进一步细化冷热数据分离规则，结合自动化生命周期管理工具，实现存储成本与访问效率的动态平衡。

（3）数据血缘追踪系统的技术实现

数据血缘追踪系统如同数据的"基因图谱"，通过捕获元数据的变化轨迹构建端到端溯源能力。系统采用混合式采集技术，既解析 ETL 日志自动生成"血缘关系"，也支持人工标注关键数据处理节点。基于图数据库构建的关联网络可直观呈现数据从采集、加工到消费的全链条路径，并量化评估单点异常对下游应用的传导风险。在技术实现上，动态血缘分析引擎可实时监测数据流动，结合机器学习预测潜在的数据污染扩散范围，为治理决策提供可视化支撑。

（4）数据安全治理的体系化升级

数据安全治理从单一防护向"防御—检测—响应"一体化体系演进。细粒度访问控制模型基于属性基加密（ABE）技术，实现"一人一密"的动态权限管理；数据流动监控系统通过数字水印与区块链存证，确保跨系统流转的可审计性；隐私计算平台集成联邦学习、安全多方计算等引擎，构建数据"可用不可见"的协同环境；自适应安全架构引入威胁情报联动机制，当检测到异常访问模式时，自动触发数据沙箱隔离与风险溯源程序，形成闭环防护能力。

2. 价值转化创新

（1）数据产品经理的能力重塑

数据产品经理作为连接技术与业务的桥梁，需具备技术理解力

（掌握数据建模与算法原理）、业务洞察力（挖掘数据驱动的商业场景）、产品设计力（构建用户体验导向的数据服务）等核心能力。其工作流涵盖需求转化、价值验证和产品运营全周期。通过将业务问题翻译为数据需求，精准定位关键数据指标，有效推动数据价值在业务场景中的落地与转化。效益评估过程中，监控数据服务使用效能，及时收集用户反馈信息，分析数据指标波动，据此优化调整数据服务策略，提升整体服务质量。通过建立数据产品孵化机制，推动原始数据向标准化 API、可视化分析工具、智能决策模型等形态转化，实现数据资产的持续增值。

（2）数据服务化（DaaS）的商业模式突破

DaaS 模式通过技术封装将数据能力转化为可度量的服务单元。标准化数据 API 接口支持按需调用，计费系统基于流量、响应时延、数据新鲜度等维度设计弹性定价模型；订阅式数据包服务提供行业洞察报告、风险预警指数等增值内容；平台化数据市场则构建供需对接生态，通过智能合约实现数据使用权交易。技术支撑体系包含高性能 API 网关、服务质量（SLA）监控平台、数据沙箱测试环境等组件，确保服务交付的稳定性和安全性。这种模式不仅激活内部数据价值，更推动组织从数据消费者向数据服务商转型。

（3）数据要素流通的技术赋能

隐私计算与区块链技术的融合应用，破解了数据共享与隐私保护并存的"不可能"。联邦学习框架支持多方在加密状态下联合建模，数据所有者通过梯度参数交换参与协作，原始数据始终保留在本地；安全多方计算协议则实现加密数据的联合统计与查询，满足跨机构风控等场景需求。区块链存证技术为数据流通提供可信锚点，通过哈希上链、时间戳固化、智能合约自动执行等机制，构建不可篡改的流通审计轨迹。跨域身份认证系统基于分布式数字身份（DID）技术，实现用户身份与数据权限的便携式迁移，支撑数据要素的跨生态流动。

3. 生态构建创新

（1）内部协同网络的深度整合

构建跨部门数据治理共同体，需要通过设立数据治理积分体系，量化评估业务单元的数据贡献度与使用效能，并将其纳入绩效考核；建立数据能力共享平台，鼓励部门发布特色数据服务并获取分成收益；开展数据素养提升工程，通过场景化培训培养全员的数据思维。技术中台提供统一的数据开发工具链与协作空间，使分析师、工程师、业务专家可在同一平台完成需求对接、模型训练与效果验证。

（2）外部合作生态的扩展组合

产学研协同创新机制加速技术突破与标准共建。联合高校建立数据安全联合实验室，攻关隐私计算核心技术专利；参与行业数据联盟，制定跨机构数据交换协议，推动接口规范与权属认定规则的统一；通过开发者社区运营开放部分数据能力，吸引第三方开发者构建创新应用。在公共数据利用领域，探索政企数据融合创新模式，利用多方安全计算技术开展联合统计，在保障公民隐私前提下释放公共数据价值。

（3）全球化数据治理的布局突破

为应对跨境数据流动的合规挑战，构建适应多法域要求的技术架构。通过部署分布式数据枢纽，在符合数据本地化存储要求的区域建立镜像节点，利用增量同步技术保持数据一致性；动态合规引擎实时解析各国数据出境政策，自动执行数据脱敏、加密强度调整等操作；建立数据主权协商机制，通过数据信托等新型合作模式平衡各方权益。技术标准输出方面，积极参与国际数据治理规则制定，推动自主创新的隐私计算协议成为行业通用标准。

数据治理体系的创新是组织数字化转型适应新发展环境的必由之路。通过确保数据可控可信，激活数据要素价值，构建释放数据网络效应生态，进而形成"治理—应用—进化"的良性循环。这种体系化变革不仅可以提升组织的数据驾驭能力，更将在数字经济竞争中构筑新的战略优势。

三 组织数字适应的策略与实践

在数字化浪潮中，数字适应不仅要求技术工具的导入，更需要通过文化重塑、人才战略升级和管理变革构建新型组织结构，以敏捷机制应对技术代际发展，用数据流打通部门墙，借智能中台沉淀可复用的数字能力，实现"技术—组织"的协同进化。这要求组织在战略层设计动态技术路线图，在运营层培育人机协同的混合智能，在文化层构建包容试错的创新土壤，并积极付诸实践。

（一）文化重塑工程

数字时代的组织变革不仅是技术工具的迭代，更是文化基因的重构工程。文化重塑需突破传统组织惯性的束缚，通过认知升级、能力再造与价值体系重构，培育与数字文明相适配的文化土壤，形成支撑持续创新的深层驱动力。

1. 数字化领导力培养

（1）认知框架的范式迁移

数字化领导力的核心在于建立"技术—商业"融合思维。领导者需突破传统经验决策的路径依赖,构建"数字透镜"认知框架:理解机器学习模型的商业解释力,洞察数据流重构价值链的逻辑,预判技术代际跃迁的颠覆效应。这种认知升级要求建立持续的技术洞察机制,通过技术雷达扫描、专家工作坊、沙盘推演等方式,保持对量子计算、神经形态芯片等前沿领域的战略敏感度。

（2）决策机制的敏捷进化

数字时代的领导决策需从"瀑布式"线性模式转向"感知—响应"动态循环。通过部署数字孪生决策系统,构建包含市场动态、技术成熟度、组织能力的多维度决策模型,实现战略选择的实时模拟与压力测试。建立"三速决策"机制:对确定性事务采用自动化规则引擎秒级快速响应;对复杂问题启动跨职能敏捷小组快速验证;对战略性挑战组织深度推演与路线快速迭代。

（3）组织动员的场域重构

数字化领导者需重构组织能量场,通过数字工具突破物理空间限制。利用虚拟协作平台建立全天候决策指挥舱,实时呈现关键数据看板与项目热力图;通过智能播报系统将战略意图转化为可执行的任务颗粒,穿透传统层级的信息衰减;设计数字勋章、贡献值排行等游戏化机制,激发跨边界的协同动能。这种新型领导模式使组织在分布式架构中保持战略聚焦与行动一致性。

2. 全员数字素养提升

（1）能力基线的系统性重建

数字素养培养需突破传统IT技能培训的碎片化模式,构建"认知—工具—思维"能力模型。认知层植入数字世界观,理解数据驱动、算法逻辑、网络效应对商业本质的影响;工具层掌握低代码开发、数据分析、智能协作平台等数字生存技能;思维层培养敏捷迭代、用户同理心、跨界整合等数字原住民特质。通过能力基线评估系统，动态生成个性化学习路径图，实现精准能力补给。

（2）知识流动的生态化设计

构建"数据流—知识流—价值流"的转化通道。智能知识库系统通过自然语言处理技术，将隐性经验转化为结构化知识节点；众创式知识生产机制鼓励员工贡献技术博客、故障排查手册等实战内容，并通过区块链确权实现知识资产化；跨域知识熔炉计划定期组织技术部门与业务单元的深度对话，催化数字技术与领域知识的化学反应。

（3）学习机制的持续激活

传统培训体系向"即时学习—实战验证—反馈进化"的闭环模式转型。嵌入式学习助手根据工作场景推送微课资源，如在处理数据异常时自动关联统计分析教程；虚拟仿真实验室提供零风险的试错环境，支持员工在数字孪生系统中验证技术方案；能力成长图谱通过量化学习行为、项目贡献、技术认证等数据，生成动态能力画像并关联职业发展通道。这种机制使学习深度融入日常工作流，形成自我强化的进化循环。

3. 数字文化多样性

数字文化的多样性在组织间呈现显著的差异化特征，这种差异根植于行业属性、战略定位与技术渗透的多重作用，形成各具特色的数字文化。不同组织基于其核心价值创造逻辑，发展出适配自身数字化转型需求的文化范式，构成了数字文明时代的生态多样性。

（1）战略导向塑造文化基底

效率优先型组织（如制造业）的数字文化往往强调数据驱动的

流程优化与确定性结果导向。其文化内核聚焦于通过数字孪生、工业物联网等技术实现生产系统的可预测性，员工行为规范中渗透着标准化、可量化的操作准则。而创新突破型组织（如科技公司）则鼓励技术极客精神与快速试错机制，容忍以高失败率换取颠覆性创新的可能性。用户体验型组织（如零售服务业）则发展出"感性洞察"文化，注重通过用户行为数据分析捕捉情感需求，在数字化交互设计中平衡理性算法与人性温度。

（2）技术渗透变革协作模式

技术密集型组织（如云计算服务商）形成"代码即真理"的文化认知，技术专家的决策话语权显著提升，协作流程深度嵌入GitHub式开源文化，强调透明化、版本迭代与协同贡献。传统行业转型组织则呈现"双模文化"特征：既有科层制下的风险规避惯性，又在创新单元中嫁接硅谷式敏捷方法论，通过设立数字特区缓冲文化冲突。平台型组织进一步演化出"生态化协作文化"，打破企业边界，形成开发者社区、供应商网络与用户的共创生态，文化认同从组织忠诚度转向技术信仰与价值共享。

（3）数据应用定义价值伦理

高度管制行业（如金融、医疗）的数字文化强调"可信合规优先"，建立严密的伦理审查机制与数据治理框架，员工行为准则中嵌入隐私保护与算法公平性意识。数据驱动型组织（如互联网平台）则培育"数据激进主义"文化，推崇"一切皆可量化"的认知模式，决策链中数据的权重显著高于经验判断的权重，但也潜藏技术至上主义的伦理风险。公益型组织发展出"向善技术文化"，注重数字普惠与社会价值衡量，寻找兼顾效率追求与包容弱势群体的平衡点。

（4）创新机制孵化文化变异

传统巨头组织往往形成"渐进式创新文化"，通过建立技术瞭望塔与创新孵化器渐进吸收外部变革能量，文化转型呈现"边缘突破—中心扩散"的涟漪效应。初创企业则天然携带"原生数字文化"，组织结构扁平化与 OKR 目标管理体系深度融合，工作仪式中渗透远程协作、异步沟通等数字原生习惯。跨界融合组织（如智能汽车制造商）催生"混血文化"，机械工程师的严谨性思维与软件开发的敏捷文化在碰撞中重构，形成软硬一体化的新型文化。

组织间的数字文化差异本质上是技术、战略、人性需求的动态融合的产物。这种多样性既是行业特质与技术渗透的自然映射，也是组织在数字洪流中保持独特竞争力的适应性选择。正是多元文化生态的共存与碰撞，推动着整个商业文明向更具包容性与创新力的数字化演进。保护文化多样性而非追求单一最优解，将成为组织在技术同质化时代构筑差异化优势的关键战略。

（二）人才战略升级

数字技术正在使传统岗位的人才管理体系面临系统性失效。组织需构建"能力定义—发展供给—价值释放"的全新战略闭环，通过数字化人才画像精准谋划未来能力需求，借助持续学习体系实现人才能力的持续升级，最终形成人力资本与数字技术协同驱动的竞争优势。

1. 数字化人才画像

（1）多维能力坐标系的构建

数字化人才画像突破传统任职资格的单维描述，构建"技术深度×业务宽度×思维高度"的能力矩阵。技术深度涵盖数据建模、算法调优、云原生开发等硬技能层级；业务宽度要求理解数字技术对价值链的重构逻辑，具备跨界翻译能力；思维高度则指向系统思考、伦理决策、颠覆性创新等元能力。通过自然语言处理解析行业趋势报告、技术专利库与岗位绩效数据，动态生成涵盖多项能力标签的知识图谱，形成精准的能力基准线。

（2）动态评估机制的实现

基于数据流的人才评估体系取代周期性考核，实现对能力状态的实时感知。通过代码贡献分析（如 GitHub 活跃度）、协作平台行为数据（如知识分享频次）、项目成果反哺（如模型准确率提升）等多源信息，构建个人能力数字孪生体。机器学习模型解析能力成长轨迹，预警技术栈陈旧化风险（如当工程师对最新 AI 框架的掌握度低于行业均值时），并推荐定制化补给方案。区块链技术确保能力凭证的可信存证，构建去中心化的技能认证网络。

（3）战略对齐的优化机制

人才画像系统与组织战略形成双向反馈回路。战略解码模块将技术路线图转化为具体能力需求（如未来 24 个月需储备 50 名隐私计算专家），驱动画像标准迭代；人才池健康度仪表盘实时显示关键岗位的胜任力缺口，触发提前 18 个月的人才储备预警。通过蒙特卡洛模拟①预测不同技术演进路径下的人才需求场景，动态调整招聘策略与培养资源投放方向，确保人才供给能够弹性匹配。

---

① 蒙特卡洛模拟（Monte Carlo Simulation）是一种通过随机抽样和统计计算来分析复杂系统或问题的数学方法。其核心思想是：通过生成大量随机输入值模拟不确定性，观察结果的分布规律，从而预测可能的结果或评估风险。

2. 持续学习体系

（1）学习生态构建

学习体系从课程目录式供给转向"需求感知—内容生成—效果验证"的智能闭环。学习需求引擎通过分析项目挑战（如当团队在区块链应用中遇到跨链通信瓶颈时）、技术趋势热力（如 Gartner 曲线显示的量子计算关注度攀升）、个人能力短板（如产品经理的数据分析技能评级下降）等数据源，自动生成学习优先级图谱。智能内容工厂聚合内部知识沉淀（如技术文档、项目复盘）、外部权威资源（如 MOOC 课程、学术论文）、AI 生成内容（如技术难点拆解视频），通过语义理解重组个性化学习单元。

（2）敏捷学习路径设计

传统线性培养路径被解构为可动态组合的能力模块。基于强化学习算法，为员工设计"最小必要知识单元"学习包，例如为转型 AI 工程师的传统开发者推荐"Python 进阶→机器学习基础→TensorFlow 核心 API"的速通路径。微认证体系将学习成果拆解为可堆叠的技能徽章，支持人才跨岗位流动时的能力快速验证。虚拟现实技术构建沉浸式学习场景，如开发者在数字孪生实验室中通过修复虚拟系统故障获得实战经验，错误操作触发实时指导介入。

（3）知识流动的增强机制

构建"个体学习—组织记忆—生态共享"的知识增值网络。智能知识库通过自然语言处理将员工经验转化为结构化知识节点，利用图数据库构建概念关联网络（如将"联邦学习"关联至"数据隐私法规""分布式训练框架"）。协同创作平台支持多人实时编辑技术文档，版本控制系统记录贡献度并关联激励积分。外部知识捕手系统持续扫描开源社区、学术会议、专利数据库，利用知识蒸馏技提取核心洞见并注入组织知识流。

（4）学习进化的反馈方式

学习效果评估从考试得分转向价值创造度量。项目成果反哺分析系统追踪学习投入与实际产出的关联性，如团队完成云安全培训后，系统漏洞修复速度提升。技能应用热力图展示能力迁移效果，如自然语言处理技术在产品需求分析中的渗透率变化。深度学习模型建立"学习行为—能力提升—绩效改进"的因果推理链，优化资源投放策略。员工学习档案持续积累多维数据，形成个人专属的"数字学习孪生体"，支撑终身职业发展导航。

（5）文化场域的促进方案

学习动力系统突破传统激励机制，构建"意义感—获得感—参与感"的复合驱动模型。数字徽章体系将学习成就转化为虚拟资产，支持在内部市场兑换创新项目参与权；学习社交网络通过推荐算法联结兴趣同频者，形成自组织的技术研讨社群；贡献值排行榜构建良性竞争氛围，知识分享行为可获得算力资源、硬件使用优先权等实质性回报。元宇宙学习中心创造跨越地理限制的互动场域，员工数字分身可参与全球技术大咖的虚拟圆桌讨论。

人才战略升级的本质是构建人力资本的"敏捷适应力"。通过数字化画像实现能力需求的精准定位，借助持续学习体系打造人才的动态进化能力，最终形成"个人能力跃迁—组织知识沉淀—战略目标达成"的增强回路。这种战略不仅解决了数字转型期的技能缺口问题，更在深层次重塑组织与个体的价值共生关系——人才不再是静态资源，而是与技术生态共同进化的有机生命体。在技术迭代速度超越个体学习极限的时代，组织唯有构建自我强化的人才战略系统，方能在数字洪流中保持永续发展。

（三）变革管理方法论

数字化转型浪潮下，科学的变革管理方法论成为组织破局关键。它犹如精准的指南针，指引组织在复杂多变的数字环境中找准方向，有效应对挑战，稳步推进数字化转型进程，真正实现"转型不退化、创新可持续"的数字适应力不断提升。

1. 数字化转型成熟度评估

数字化转型成熟度评估是组织转型的战略引导，通过构建由"战略层—运营层—技术层"构成的三维评估模型，系统诊断企业转型进程。该评估体系包含 5 个成熟度等级：初始阶段、规范阶段、整合阶段、优化阶段、创新阶段（见图 3-1）。初始阶段即数字意识萌芽阶段，此时企业仅初步认识到数字化的潜力，对相关技术和理念探索尚浅，尚未形成明确转型规划与行动。规范阶段即局部系统部署阶段。企业开始在部分业务领域引入数字化系统，以提升特定环节的工作效率与管理水平，逐步积累数字化实践经验。整合阶段即数据互联互通阶段。企业致力于打破数据孤岛，实现各系统间数据

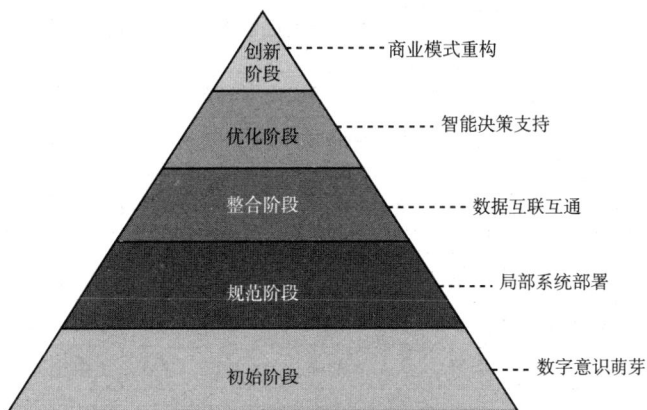

图 3-1　组织数字化转型成熟度评估模型

的顺畅流通与共享，为深度数据分析和业务协同奠定基础。优化阶段即智能决策支持阶段。企业借助数据分析与人工智能等技术，实现智能化决策，精准把握市场动态，推动业务高效发展与持续优化。创新阶段即商业模式重构阶段。企业依托数字化能力，对业务模式、盈利方式等进行全方位重塑，开拓全新市场空间，引领行业变革。

组织的数字适应能力，从客户体验（如 NPS 提升率）、运营效率（如流程自动化覆盖率）、员工能力（如数字化技能认证率）、财务效益（数字业务收入占比）四个维度设置 36 项量化指标（见表 3-1）。根据以上指标，可以分析得出组织的数据治理成熟度、技术架构柔性度、组织敏捷指数等基本属性，从问题导向出发，明确组织数字化转型的路径。

表 3-1　组织数字化转型成熟度评估指标

评估维度	核心指标	量化目标	数据来源
客户体验	1. NPS（净推荐值）提升率	年同比提升≥15%	客户满意度调研系统
	2. 客户旅程数字化触点数量	≥8 个关键触点	客户行为分析平台
	3. 在线服务响应速度	≤30 秒（90% 场景）	智能客服系统日志
	4. 全渠道一致性得分	≥85%	全渠道分析平台
	5. 数字产品使用活跃度	DAU/MAU≥40%	产品埋点数据分析
	6. 客户流失挽回率	≥25%	CRM 系统挽留记录
	7. 个性化推荐采纳率	≥35%	推荐引擎后台数据
	8. 数字渠道转化率	环比提升≥10%	电商平台转化漏斗
	9. 客户数据完整率	≥95%	主数据管理系统

评估维度	核心指标	量化目标	数据来源
运营效率	1. 流程自动化覆盖率	核心流程≥80%	BPM（流程管理）平台
	2. 端到端流程周期	缩短40% YoY	ERP系统时间戳数据
	3. RPA异常处理平均时长	≤2小时	RPA运维监控平台
	4. 生产系统可用率	≥99.9%	IT运维监控平台
	5. 库存周转率提升幅度	≥20%	WMS系统数据分析
	6. 供应链可视化程度	关键节点100%可视	SCM系统接口日志
	7. IT系统故障恢复时间	≤15分钟	事件管理系统
	8. 能耗数字化监控率	≥90%	IoT传感器网络
	9. 质量数字化检测率	≥95%	质量管理系统（QMS）
员工能力	1. 数字化技能认证率	全员覆盖率≥70%	学习管理系统（LMS）
	2. 内部数字化培训完成率	≥90%	培训管理平台
	3. 知识库贡献度（人均条目）	≥5条/季度	企业Wiki系统
	4. 数字化工具使用熟练度	≥80%员工通过实操考核	数字化能力测评系统
	5. 数字化创新提案数量	≥50个/季度	创新管理平台
	6. 跨部门协作平台活跃度	日均互动≥100次	协同办公系统
	7. 数字化领导力评估通过率	管理层≥85%	360度评估系统
	8. 数字化人才保留率	≥90%	HR管理系统
	9. 数字化文化认同度	员工调研得分≥4.0/5.0	文化评估问卷
财务效益	1. 数字业务收入占比	≥30%	财务核算系统
	2. 技术投资回报率（ROI）	≥2.5倍	项目管理系统+财务数据
	3. 数字化项目成本节约率	≥25%	成本核算对比分析
	4. 数据资产货币化率	≥15%	数据交易平台记录
	5. 数字化营销转化率	同比提升≥20%	广告投放平台数据
	6. 云资源使用效率	利用率≥75%	云管平台监控数据
	7. 数字化风险损失占比	≤5%总收入	风控系统审计报告
	8. 数字产品毛利率	≥40%	产品损益表
	9. 客户终身价值数字化贡献率	≥60%	CRM生命周期分析模型

2. 变革阻力突破策略

变革阻力突破需构建"预防—化解—转化"的防御体系。前期要识别影响变革的典型阻力源，如技术性阻力、制度性阻力、心理性阻力等等。针对不同层级人员设计差异化沟通策略。高管层采用商业画布演示技术投资回报，中层管理者通过沙盘推演理解流程、重构价值，基层员工依托 VR 模拟体验未来工作场景。发展和改革还要抓住关键突破点，包括建立跨部门协作小组，及时解决转型中的冲突；设立专项激励基金，对推动变革有突出贡献者予以奖励；建立压力疏导机制，帮助员工释放压力，以更好地投入工作。通过这一系列举措，全方位降低变革阻力，营造积极变革氛围，促使组织成员从抵触转向支持，为数字化转型顺利推进奠定坚实基础。

3. 持续优化机制

持续优化机制是转型成果"不退化、能进化"的核心保障。监督审查方面，建立数字孪生检测系统，重点追踪客户旅程数字化渗透率、AI决策采纳率、技术债清偿进度等指标。通过与季度或年度既定目标的比对，及时调整优化组织运转模式。知识管理方面，搭建数字化转型资产库，沉淀领域内最佳实践案例，形成可复用的流程模板，实现常规场景的全覆盖。文化固化方面，将数字化价值观纳入组织数字适应的必修课，以组织文化凝聚团队共识，保证组织在同行业中始终保持领先的发展节奏。

组织数字适应是一个复杂而长期的过程，需要组织从多个方面入手，制定切实可行的策略，并积极实践。通过明确转型战略、培养和引进数字化人才、建立数字化平台以及强化数据安全和隐私保护等措施，组织能够更好地适应数字时代的发展要求，实现可持续发展。在未来的数字时代，那些能够成功实现数字适应的组织，将在激烈的市场竞争和社会结构性变革中脱颖而出，引领行业发展的潮流。

第四章　国家治理的数字变革

随着数字治理对国家治理的赋能，决策者得以穿透数据迷雾、洞察社会运行规律。这不仅意味着治理工具的技术革新，更标志着治理逻辑迭代。数字治理出发点和落脚点始终是更好地为人民服务，这也是国家治理的实践基点。这场数字化变革正突破物理世界的治理边界，打造更富韧性、更具温度的治理生态，让技术红利切实转化为人民群众的获得感、幸福感、安全感，开创数字文明时代国家治理现代化的新境界。

一　数字技术重塑治理模式

当前，国家治理正处在深度变革期。数据、算法和算力作为智能社会发展的三大要素，成为推进这场变革的核心驱动力，促进形成全新的治理生态。若将数据比喻成江河，那么云平台与 5G 网络则是四通八达的"数字河道"，多元应用则如沿岸商铺般衍生出丰富的治理场景。数据是数字时代国家治理的基础要素，这要求我们学会用数据说话，实现"数治"；同样的，对于基础数据和衍生数据，"治数"的过程必不可少。"数治"聚焦用数字技术破解发展难题。对于数据本身,如同大禹治水般,不宜堵而应疏导,不应该建起一座座小院高墙,而是应该互联互通,构建起"全域感知—智能研判—精准施策"的协同治理闭环;"治数"强调以水利万物之姿赋能社会,通过数据质量提升,融合数据,激发价值,依托算法模型提升决策效能。在此过程中,数字治理重构了"信息透明化、信任数字化、激励精准化、效率指数化、创新常态化"的新型机制,让治理体系既具备大江大河的澎湃动能,又葆有润物无声的惠民温度,最终实现治理能力现代化的江河入海。

(一)全球数字化治理趋势

数字技术是面向未来的技术。当5G网络覆盖珠峰之巅、量子计算突破算力极限、元宇宙重构社交形态,人类经历着再一次工业革命的生产力变革。这场数字革命催生出新型治理议题:数据主权如何界定?算法权力怎样制衡?数字鸿沟如何弥合?全球主要经济体在应对这些挑战中形成了特色鲜明的治理路径。美国依托硅谷创新生态构建"数字资本主义"体系,欧盟通过GDPR等立法打造"数字人权高地",中国则以"数字中国"战略开创了技术赋能与制度创新融合的中国治理方案。这种差异化的探索背后,折射出不同文明对数字时代治理本质的理解分野。

1. 中国路径:从"互联网+"到"数字中国"的战略演进

中国数字化治理的十年演进,完整展现了后发国家实现数字突围的战略智慧。2015年"互联网+"行动计划揭开数字治理序幕,移动支付、共享经济等模式改变了传统业态;2017年"数字中国"战略升级为国家工程,杭州城市大脑、贵州大数据中心等标杆项目推动治理能力现代化;2020年"新基建"政策加速5G、人工智能、工业互联网等新型基础设施建设，为数字治理提供硬核支撑。这种"三步走"战略演进，本质是从技术工具创新到治理体系转化升级的质变过程。

在"东数西算"工程的算力调度中，在"健康码"系统的精准防控里，中国探索出独具特色的数字治理方法论：以"全国一盘棋"的制度优势打破数据孤岛，用"集中力量办大事"的体制效能攻克技术难关，通过"渐进式创新"平衡发展与安全。这种治理智慧在雄安新区数字孪生城市建设中得到集中体现，BIM、CIM 技术①构建的"数字孪生体"，既保留现实城市的烟火气息，又赋予未来城市智慧基因。

2. 全球数字治理路径差异与竞争合作

大西洋两岸的数字化竞赛呈现戏剧性反差：硅谷科技巨头在Web 3.0 领域攻城略地时，欧盟正为《数字市场法案》的落地焦头烂额；当 TikTok 掀起全球短视频革命时，美国国会山的反垄断听证会频繁上演。以对待数据的态度为例，美国是垄断、欧盟是隐私、中国是安全。这种差异根植于不同的治理哲学：美国奉行"技术达尔文主义"②，鼓励市场自发形成数字规则；欧盟坚守"数字人权卫士"立场，用严苛立法约束技术权力；中国则开创"技术赋能型治理"，

---

① BIM（建筑信息模型）和 CIM（城市信息模型）是建筑与城市规划领域的两大数字化技术，分别聚焦于建筑单体与城市级尺度的信息集成与管理，为设计、建造、运维及智慧城市发展提供技术支撑。

② "技术达尔文主义"（Technological Darwinism）是一个将生物进化论中的"自然选择"和"适者生存"等概念迁移到技术领域的理论框架，用于描述技术如何在竞争环境中通过创新、适应和淘汰实现迭代升级。其核心观点是：技术发展遵循类似生物进化的规律，优胜劣汰的竞争机制推动技术不断优化。

在数字基建普惠化、政务服务数字化等领域形成独特优势。

各方的博弈在数据跨境流动规则制定中尤为激烈。欧盟通过"充分性认定"构筑数据壁垒，美国利用 CLOUD 法案延伸数据管辖权，中国则借力 RCEP①、DEPA② 等多边机制推动数字丝绸之路建设。这种竞争表象下暗藏合作机遇：中美在人工智能伦理标准制定领域的对话，中欧在绿色数据中心建设方面的协作，以及在数字货币监管框架上的磋商，共同勾勒出数字治理的"最大公约数"。

（二）基础设施与关键能力

在国家治理的数字化进程中，数据基础设施正从"存储记录"进化为"决策智脑"。传统统计体系中的季度经济数据、年度人口普查，一般难以适应当前瞬息万变的社会动态，数据的即时性成为国家决策的刚需。传统意义上国家发布的数据具有滞后性，技术赋能可以使这个过程更加及时，实现对治理对象的实时监测和动态数据的实时发布，并通过数据处理形成决策参考。而今，通过部署于全国的 800 万个 5G 基站、200 余个工业互联网平台构成的感知网络，重要民生数据得以分钟级更新。这种"数字触觉"的进化彻底改变了治理的时空尺度，印证了"数据即感知、算力即预判"的新型治理逻辑。基础基座的打造，提升了国家治理的治理能力，包括服务能力、社会感知能力、数据安全能力、智慧决策能力的全面升级。

---

① RCEP（区域全面经济伙伴关系协定）是由东盟 10 国与中国、日本、韩国、澳大利亚、新西兰共 15 国签署的全球规模最大的自由贸易协定。

② DEPA（数字经济伙伴关系协定）是全球首个专注于数字经济规则的国际协定，由新加坡、智利、新西兰于 2020 年发起。

1. 服务能力：从"人找政策"到"政策惠人"

数字技术正改变公共服务供给方式，推动行政服务由被动响应转向主动感知。政府部门通过跨系统数据融通，构建起覆盖民生全领域的智能服务网络。当公民个体特征数据与政策数据库实现动态匹配，各类补贴申领、证照办理等服务开始突破物理窗口限制，转化为后台算法的自动运算与主动触达。这种服务模式的创新不仅体现在业务流程的数字化迁移上，更体现在通过机器学习持续优化服务上，使政策资源精准匹配服务需求。在隐私计算技术的保障下，个人数据要素转化为服务优化的燃料，推动行政服务从"柜台应答"向"无感智达"变化，形成"数据流动替代群众跑动"的新型治理路径。人们真切感受到，数字治理的温度，就藏在那些"静默办理"的服务细节里。

2. 社会感知能力：从"事后处置"到"事前预见"

城市治理者从未像今天这般拥有敏锐的"数字感官"。现代城市正通过全域物联感知网络构建数字神经系统，将物理空间的运行状态实时映射为数据空间的动态镜像。遍布街巷的智能终端持续采集人流、物流、环境等城市数据，经人工智能模型解析后生成社会治理的"体检报告"。这种感知能力的质变不仅突破了传统统计的时空局限，更催生出社会运行的从"被告知"向"预知"的转变。通过对多源异构数据的关联挖掘，城市管理者得以洞察潜在风险传导路径，在交通拥堵形成前调整信号灯配时，在事件酝酿期启动干预机制。当社会治理从物理维度的现场处置转向数字空间的态势推演，城市开始具备自我调节机能。

3. 数据安全能力：在流动与防护间寻求平衡

数据流动交易的背后，安全防线正在技术攻坚中持续筑牢。数字时代的安全,绝不仅是技术人员或技术部门的事情,而是每个人的责任和义务。数据要素市场化进程催生出流动与安全的价值平衡艺术。在密码学算法与隐私计算框架支撑下,数据要素开始实现"可用不可见"的价值流转。动态防御体系通过持续进化的攻击模拟训练,为关键数据基础设施构筑起具备自学习能力的基础保障。在制度设计层面,分类分级管理制度有序引导不同敏感度数据安全流动。这种安全能力的进化既体现在技术层面对抗网络攻击的攻防升级上,更反映在治理框架中发展权与安全权的动态平衡上,数字技术是给我们提供最优解的最好工具。

4. 智慧决策能力:从"经验直觉"到"数智推演"

决策中枢的数字化改造,正在突破人类认知的时空边界,创造新型的治理智慧。宏观经济系统、城市生命体、产业链网络等复杂系统被转化为可计算、可模拟的数字孪生体,决策者借助超级算力在虚拟空间进行政策效果的万亿次推演。这种决策模式的转变,使得传统依赖历史经验的决策逻辑,升级为融合实时数据、预测模型与仿真验证的数智化决策闭环。当机器学习算法从海量数据中提炼出超越人类直觉的关联规律,经过数字孪生技术预演重大决策的上百种可能性后果后,国家治理开始具备"穿越时空"的预判能力,可以在风险积聚期提前布局,在机遇窗口期精准发力。

这种能力体系的构建,呈现鲜明的数字文明特征:在服务领域实现"需求—供给"的智能匹配,在感知维度构建"物理—数字"的双向映射,在安全层面达成"流动—防护"的动态平衡,在决策环节完成"经验—计算"的模式转换。从粤港澳大湾区算力集群的协同调度,到"东数西算"工程中的能耗优化,中国正在探索一条数据要素价值化与治理能力现代化同频共振的发展路径。数字技术的赋能作用让我们看到的不仅是效率提升，更是整个治理文明形态的升维，国家治理正以自组织、自适应的形态在快速变迁的数字时代持续提升治理效能。

（三）治理领域的典型表现

在政府服务领域，"互联网+政务"的蓬勃发展，堪称以数字技术推动政务服务模式重构的生动典范。全国政务服务平台整合了众多政府部门的服务事项，涵盖了从个人的户籍办理、社保缴纳，到企业的注册登记、项目审批等各个领域。通过该平台，民众和企业可以在线提交申请材料，实时查询办理进度，许多事项实现了"一网通办""最多跑一次"甚至"零跑腿"。各地政务服务应用实践相继涌现，浙政钉、粤省事等一系列政务服务 App 得到推广普及，极大地提高了政务服务的效率，减少了民众和企业办事的时间和成本。用户可以通过手机随时随地办理政务事项，实现了政务服务的移动化、便捷化。数字技术的赋能作用，再造政务服务流程，通过数字化手段逐渐打破传统政务服务中部门之间的信息壁垒，实现了数据的共享和业务的协同。政务数据正在从数字形态向价值功能实现转变，最终也会形成提升数字时代生存和发展水平的新型能力，加速业务优化，创造新的价值，实现政务服务的转型升级。

在公共管理领域，数字技术的应用为精准管理提供了有力支撑。在城市交通管理中，智能交通系统利用传感器、摄像头等设备实时采集交通流量、车速等数据，通过大数据分析和智能算法，实现对交通信号灯的智能调控。在城市环境监测方面，通过部署在城市各个角落的空气质量监测站、水质监测设备等，实时收集环境数据，并将数据传输到管理平台。管理部门可以根据这些数据及时了解城市环境状况,对污染问题进行精准定位和快速处理。一些城市利用数字技术建立了城市管理综合执法平台,整合了城管、公安、环保等多个部门的执法力量,实现了对城市管理问题的联合执法和协同处置。通过该平台,执法人员可以实时共享信息,快速响应突发事件,提高了城市管理的效率和水平。

在智慧决策方面,数字技术还为决策机制带来了革命性的变化。在传统决策模式下,决策往往依赖有限的样本数据和决策者知识背景、工作经历等因素,容易出现决策失误。而在数字时代,大数据分析技术能够收集和分析海量的多源数据,包括经济数据、社会数据、舆情数据等,为决策提供全面、准确的依据。政府在制定经济政策时,可以通过对宏观经济数据、行业数据以及企业数据的分析,深入了解经济运行态势,预测经济发展趋势,从而制定出更加科学合理的政策。一些地方政府还建立了智能决策支持系统,利用人工智能技术对数据进行深度挖掘和分析,为决策者提供多种决策方案,并对方案的实施效果进行模拟预测,帮助决策者做出更加科学、明智的决策。

二　国家治理数字变革的挑战与突破

从世界史来看,美国等西方国家的发展经历了完整的工业革命进程,随后进入了数字化时代,而当下,我国处于工业化、数字化、智能化的高度重合形态,这导致我国未形成标准化的数据规范。数据要素是智能化发展最基本的原料,标准化必然导致部门协同、数据交易、治理规范的难度升高。面对复杂的国情,国家治理的数字变革不可避免地遭遇了一系列严峻挑战,亟待我们深入剖析并积极寻求突破之策。

（一）　技术赋能背后的治理难题

当前，智能大模型技术火热，但由于政务数据的敏感性强、涉及个人隐私，因此在投喂大模型的过程中存在风险。虽然技术工具的创新性与治理系统的复杂性形成了国家治理形态的张力，政府部门借助数字孪生技术构建虚拟城市进行决策推演，区块链技术使政务数据流转效率提升，但治理效能的指数级增长背后，正悄然滋生着技术理性与社会价值的激烈碰撞。

数据垄断与算法偏见正在解构数字时代的治理框架。最早发展起来的商业平台，已经具备相当成熟的数据获取、分析、处理、利用、维护等全生命周期的管理体系。通过对用户行为数据的持续捕获，逐步构建起超越国家监管范畴的"数据帝国"。平台是数据的采集者，采集用户信息作为元数据，但同样属于数据生产者的范畴，这导致用户个人信息的所有权很难界定。从获取的对象看所有者应该是用户个人，但从持有权和加工分析数据生成看应该属于平台，从数据价值的维度剖析，众多用户的数据集合价值密度更高、价值量更大。基于这些数据，平台分析用户的消费偏好，算法推荐系统精准推送，影响着商品流通和市场秩序。数据权利通过这种方式实现了私有化，一定程度上扭曲市场竞争，造成新的不平等。当算法模型将现实世界的偏好编码为数字世界的运行规则，技术赋能反而可能分化人类群体的发展路径。

数字鸿沟的扩大正在制造"治理盲区"。当东部沿海城市通过"一网通办"实现政务服务零跑动时，西部仍有部分老年人因不会操作智能手机而无法申领养老金；当智慧法院系统将庭审搬上云端时，农民工群体中仍有因数字素养不足难以获得在线法律援助的情况。

这种接入性、应用性与创新性的鸿沟效应，使得数字治理的普惠性面临极大挑战。更隐蔽的能力鸿沟体现在数据要素配置中，例如当城市大脑调用数据资源时，中小微企业数据占比严重不足。数据价值的激发应该交给更具创新力的主体来实现，中小微企业就是创新的优质主体，然而当前在数据获取上却面临一道道门槛。

隐私保护与数据主权争议在跨境数据流动中愈演愈烈。特斯拉的中国用户数据被实时传输至海外数据中心，在《数据安全法》框架下引发的管辖权争议，折射出数字时代的主权新形态。生物特征数据采集设备的普及，使得个体在享受便利的同时，也在无感状态下持续输出个人的隐私数据。欧盟 GDPR 框架①下的"被遗忘权"主张《个人信息保护法》规定的本地化存储要求，在跨境电商、跨境支付等领域形成制度摩擦。这种治理权的博弈不仅发生在国家之间，更延伸至"平台主权"与"国家主权"的灰色地带。

（二）制度创新的滞后性

与数字技术日新月异的演进节奏相比，我国关于数据、数字技术、数字化转型等相关的制度体系的转型速度呈现显著的时间错位。这种制度滞后性不仅表现在具体政策的调整周期长上，更反映了国家治理结构和政策法规体系的迟滞。

科层制架构正经历着"数字冲击"。以政务云平台整合为例，为获取各部门的数据资源，跨部门业务协同中必然存在"数据烟

---

① 欧盟 GDPR 框架，即欧盟通用数据保护条例，是欧盟于 2018 年 5 月 25 日生效的综合性数据保护法规，旨在统一成员国对个人数据的保护标准，强化数据主体权利，并规范企业数据处理行为。

卤"的梗阻。教育部门的学籍数据与公安部门的户籍数据因统计口径差异，导致"义务教育入学一件事"办理中存在一定的数据校验失败率。同一数据、不同格式不仅导致数据的冗余，更导致基于数据的业务流程出现非结构化的受阻，形成数字化转型过程中"倒车"现象，仍需要通过传统人工沟通方式核实解决问题，极大地拉长了办理的周期。这种制度滞后性在应急管理场景更为突出。当自然灾害突如其来，由于需要协调多个部门配合调度、第一时间提供各方面监测数据，传统逐级上报机制下关键决策信息可能未能及时上报。数字技术赋予的"秒级响应"能力，在科层制的信息传递中损耗殆尽。

法律体系的数字化转型面临难以适配的窘境。现行《行政许可法》基于物理空间设定的审批时限，与区块链技术实现的"智能合约自动审批"形成鲜明对比；《反垄断法》针对工业时代市场支配地位的认定标准，难以识别数据要素垄断的新型权力结构。在跨境电商平台治理中，执法机构耗费数以年计的时间成本，才能完成数据要素市场支配地位的论证，暴露出法律工具与数字经济的尖锐矛盾。更具挑战性的是代码规则与法律规则的管辖权之争。例如当特斯拉自动驾驶汽车发生事故时，责任判定需要在算法决策逻辑、传感器数据完整性和现行交通法规之间建立新的归责体系。

监管框架的创新陷入安全与发展之间的泥沼。例如因缺乏对推荐算法、定价算法等差异化的评估标准，很难建立算法备案制度。这种制度创新的试错成本较高。我国因未能与欧盟充分性认定标准接轨，导致存在高额的数字贸易订单流失的巨大风险。

评估机制不适应数据要素的本质属性，方法择取没有可参照的范本。现阶段对数据的各项权利界定、管理规则、定价标准和保障措施不完备。《中共中央　国务院关于构建数据基础制度更好发挥数据要素作用的意见》（以下简称《数据二十条》）中对数据的持有权、使用权和经营权的界定，采用对土地要素的界定方式；对数据价值的判定和资产入表的规则现阶段多采用资本要素的定义。使用框定传统要素的一般方法框定数据要素还无法直击数据本质，需要创造一套新的评估机制来对数据权属、数据标准等进行统一界定，才能实现对数据价值的全面激发。

（三）技术伦理与价值平衡

在效率至上的发展要求面前，治理者需要找到以数据为本的技术理性与以人为本的价值理性之间的平衡点。这种平衡不仅关乎技术工具的价值取向，更决定着数字文明的发展方向。

数字伦理的真空地带持续冲击着传统价值取向。当应急管理部门运用 AI 系统进行灾难响应优先级排序时，算法在毫秒级内完成生死抉择，挑战着人类社会的道德共识；当情感计算技术可以精准识别上访群众情绪波动时，技术中立的表象下潜伏着权利侵蚀的风险。深度伪造技术制造的"数字替身"正在模糊真实与虚拟的边界，"AI 换脸诈骗案"暴露出现行法律在数字身份认证方面的系统性脆弱。

人本导向的 AI 治理原则正在悄然兴起。上海市开发的智能养老系统最初以服务效率为核心指标，在引发"数字监护"争议后，迭代升级为"辅助决策＋人工确认"的双重机制，保留老年人对关键生活决策的最终控制权。在就业领域，招聘平台将算法简历筛选的通过率阈值从纯数据驱动调整为"数据指标＋人工价值观校准"，增加弱势群体就业机会。这些实践揭示出人机协同的新范式：当 AI 系统从"决策主体"回归"决策工具"定位，技术赋能才能真正服务于人的全面发展。无论 AI 发展到什么阶段，即使当前的 AI 机器人被炒得异常火热，我们仍要冷静地思考、清醒地认知：现阶段，人类才是地球上的唯一智能体，大语言模型只是对信息的归纳总结，代替的是繁重的、重复性的工作，而并没有产生新的知识；人工智能是人工制造出来的所谓智能，如果它将来成为真的智能，将会与人类产生竞争，试问我们是否应当考虑制造出对人类构成威胁智能体的必要性？因此，将技术定位为工具，是最正确和理智的思维逻辑。

全球数字治理规则的博弈场正在形成多极化的力量格局。在跨境数据流动领域，美国倡导的"数据自由流动"主张与欧盟坚持的"数字主权"原则持续角力，中国提出的"数据分类分级管理"方案正在金砖国家间形成共识。这种规则竞争在人工智能军控领域达到白热化，因美俄在"智能"与"自主"概念界定上的分歧而陷入僵局。在数字货币监管领域，国际清算银行牵头的"央行数字货币互操作性实验"，吸引了全球 38 家央行参与，为数字时代的货币主权协调开辟了新路径，为各方提供了竞争中寻求合作的可能。

价值计算模型的创新正在破解发展优先级的决策困局。超大城市在智慧交通系统建设中，创新引入"社会效益计算引擎"，将老年人出行便利指数、残障人士可达性系数等多项社会价值参数纳入算法权重。在环境治理领域，基于生态补偿智能合约，利用卫星遥感数据自动测算流域污染贡献度，将传统需要半年才能完成的生态补偿协商转化为实时结算。这些探索证明，当数字技术与社会价值计算深度融合，效率与公平的二元对立将转化为相互成就的治理能量。

（四）突破路径：构建数字治理新生态

面对多重挑战，数字治理需要构建包含技术治理、制度创新、伦理重塑的复合型突破路径。其对象包含个体 C、政府 G 和企业 B 三方面，面向政治、经济、社会、文化和生态文明五大领域，以基础设施、数据和技术为工具，坚持系统性、整体性、协同性、可持续性的原则，通过协同治理和流程再造的方式，构建跨层级、跨地域、跨系统、跨部门、跨业务、跨数据的治理格局，实现数字化、智能化、标准化、协同化、安全化的建设目标。

在数据要素市场建设中，通过创新"数据信托"模式，借助独立第三方机构实现数据使用权与所有权的分离，既保障个人隐私又释放数据价值；在算法治理领域，通过建立"算法透明性评估平台"，采用输入输出比对、决策路径追溯等技术手段，使黑箱算法变得可解释、可审计。这些创新实践的价值不仅在于具体问题的解决，更在于构建起数字时代的治理新体系——当技术工具、制度框架、价值准则形成有机生态系统，国家治理就能在数字文明的浪潮中行稳致远。

在数字时代的治理革命中，技术突破只是冰山一角，隐藏在水下的制度重构与价值博弈才是真正的挑战所在。从数据确权到算法治理，从数字主权到技术伦理，对每个问题的破解都需要政治智慧、技术创新与人文关怀的协同共进。这条道路没有终极答案，唯有在持续创新中保持对技术的人文审视，在开放合作中寻求价值共识，才能让数字技术真正成为人类文明的进步阶梯。

三　数字治理的全新世界观

进入数字时代，数字治理需要建立全新的世界观，才能把握

"时"与"势"，更好地应对百年未有之大变局。当前世界复杂多变，中美博弈日益明显，我们要做好面对风高浪急甚至惊涛骇浪的准备，需要从国家治理的各个层级，用数据赋能、以技术支撑，通过构建更加完善的体制机制，推进政治、经济、社会、文化、生态文明的全面深化改革，持续保持中华民族的文明火种熊熊燃烧。

这种新世界观包含三大核心特征：一是数据驱动型治理，将社会治理转化为可量化、可计算的动态模型；二是协同治理生态，打破政府主导的单一模式，构建企业、社会组织、公民共同参与的治理共同体；三是弹性治理机制，通过数字孪生技术实现治理预案的沙盘推演。数字治理的全新世界观，其核心在于突破传统治理的物理边界与线性思维，将社会治理视为由数据流驱动的复杂生命系统，通过系统解构，找到各环节之间的内在联系，从不同层面逐步推进落实。技术革命层面，数字治理依托人工智能、区块链、物联网等技术，形成覆盖物理空间、数字空间和社会空间的治理网络。城市大脑实时捕捉千万级数据节点，区块链构建不可篡改的信用体系，联邦学习实现数据价值的合规流动，这些技术创新成为数字治理的基础底座。思维革命层面，治理主体从"人治"转向"智治"，决策依据从经验判断转向数据实证，治理模式从被动响应转向主动预防，治理的精度已细化至微观个体。政策法规层面，国家和有关部门要做好数字治理的政策法规适配工作，不仅要自下而上地兼容，还要自上而下地适应，找到能够契合多方需求和利益的平衡点，提升政策和需求皆可达的治理体验。体制机制层面，进一步深化改革，以实际场景为依托，以数据应用为手段，以价值再造为目标，不断优化业务流程和运营模式，消除因体制机制导致的结构性障碍，尽可能消除技术隐患和数据风险，全面实现治理体系和治理能力现代化的建设目标（见图4-1）。

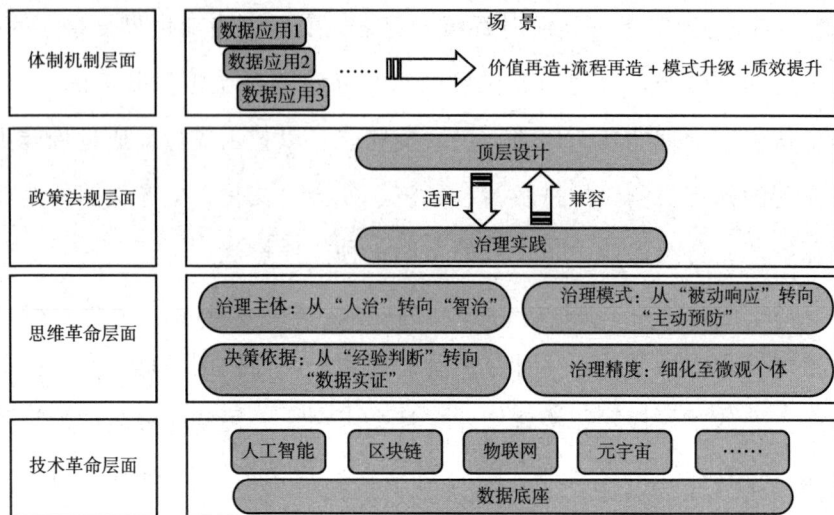

图 4-1 数字治理架构

值得注意的是，数字治理并非技术决定论。在追求效率的同时，要始终关注数字鸿沟、算法歧视和数据主权保护，最终指向更精准、更包容、更具韧性的社会治理形态。这种世界观的确立，不仅要重新建立权力运行机制，更颠覆性地形成人类对秩序、权利与文明的新认知框架。

（一）本体论重构：数字成为世界的"新物质性"

数字治理是指利用数字技术（如大数据、人工智能、区块链等）优化政府、企业或组织的决策、管理和服务流程，提升效率、透明度和公众参与度的一种新型治理模式。在实践方面，治理数字化不仅重构了政策制定的科学基础，更催生"用算法预判风险、凭代码优化流程"的新型治理能力。在空间方面，数字治理天然地具有全球治理属性。各国在数据跨境流动规则、人工智能伦理标准、元宇宙治理权等方面存在理念分歧，亟须通过多边协商达成数字治理的基本共识。在方法论方面，数字治理要求构建"可计算化"的治理思维。将复杂社会问题转化为可量化分析的数据模型，即将问题转化成"数字儿"的形式。通过数据画像实现政策靶向施策，将社会现实"翻译"为数字语言，提高治理效能，最终指向工具理性与价值理性的有机统一。

1. 数据成为新生产要素

人类文明史上，生产要素的更迭始终是文明形态进阶的刻度尺。当蒸汽机轰鸣开启工业文明时，"土地、资本、劳动力"构成了经济运行的铁三角；而在数字文明破晓之际，"数据、算法、算力"正以强关联性形成新型价值创造体系。数据不再仅是信息载体，而是能够衡量其他生产要素、支撑技术科技发展的最基础要素。数据要素与劳动力、土地、资本、技术等生产要素有着明显的区别，它的非竞争性、可复制性、网络效应彻底打破了传统要素的稀缺性逻辑。信息时代的生产力变革可以被视为要素革命的萌芽期，通过不断的科技进步和实践探索，将逐步实现从数字化到信息化再到智能化的突进路径。

这种要素革命正在重新定义权力的划分。国家层面，数据跨境流动与数字主权的拉锯战勾勒出新型地缘政治图景，数据本地化存储与全球算力网络的矛盾折射出数字时代的"修昔底德陷阱"。① 企

---

① 修昔底德陷阱（Thucydides Trap）是一个国际关系理论，源于古希腊历史学家修昔底德对伯罗奔尼撒战争（公元前 431~前 404 年）的观察。他提出，当新兴大国的崛起威胁到现存霸权的主导地位时，双方可能因恐惧、误判或利益冲突而爆发战争。这一概念由哈佛学者格雷厄姆·艾利森（Graham Allison）在《注定一战》中重新提出，用以分析现代大国竞争。

业疆域则在算力军备竞赛中无限延展，超大规模数据中心如同数字文明的"新大陆"，科技巨头凭借数据虹吸效应构筑起"数字帝国"。而在微观层面，个人生物特征、行为轨迹的数字化拓展了传统隐私边界，当面部识别数据成为进入数字社会的通行证，当情感数据被转化为可交易的数字资产，个体正经历着从"权利主体"到"数据节点"的弱化。这种多维度的主权博弈揭示了一个深层命题：在数据要素主导的文明阶段，面对所有权与控制权的分离，如何构建数据要素的利益分配机制，将成为数字文明存续的关键考验。

2. 虚实共生的治理对象

数字技术的裂变式发展，正在将治理场域推向物理与虚拟的叠加态。元宇宙的发展泡沫中，数字孪生城市将物质世界的运行法则镜像到了数字空间。这种平行治理体系并非简单的技术映射，而是创造出了具有自演化能力的"数字有机体"：它们既遵循物理世界的因果律，又在算法迭代中孕育出超现实的交互规则，甚至将结果反哺于现实世界。这种具有预见性的治理模式，如同"上帝之手"推动着我们做出决策。但是，人类不能因为技术的优势而放弃理性判断，仍需基于数字决策，综合内外部需求，实现研判。

更为深刻的变革发生在社会关系领域。平台经济催生"算法劳工"，其劳动价值不再取决于肌肉记忆或技能积累，而是被嵌入推荐算法的黑箱。接单量、好评率、响应速度等参数在云端重组为数字信用评分，新就业群体中的劳动者被压缩成平台算力的数据波动曲线。算法成为新的社会契约，既存在平台规则明示的劳资框架，又暗藏着算法动态调整的隐性控制。当情感计算开始量化人际关系的亲密度，当区块链智能合约自动执行社会承诺，人类数千年来构建的信任体系正在被数学共识重新编码。这要求治理思维从经典物理学的确定性框架向量子态的概率性认知变革，通过多方比对权衡，寻找实数融合关键节点。

（二）认识论革新：从因果逻辑到关联逻辑

数字治理打破了传统的认知框架。在治理维度上，对象从实体社会拓展至虚实共生的数字生态，治理方式从科层制管控转向算法驱动的精准施治，场域从物理空间延伸至云端协同的数字网络；在治理效能上，通过数字孪生实现政策效果的实施预演，借助时空大数据捕捉社会运行的隐性关联，利用数字技术拟合宏观战略与微观场景的治理路径；在权力结构上，突破传统金字塔式权威传导，构建基于数据流向的平行治理体系，形成数字公民广泛参与、协同治理的核心推动力，提升治理效能。

1. 大数据驱动的认知革命

启蒙运动以来确立的"假设—演绎"科学方法论，在数据洪流的冲刷下显露出认识论裂隙。传统科学的研究者们基于有限观察提出理论假设，再通过实验设计验证命题真伪；而大数据时代则开启了全景扫描模式，现实世界的全量数据被传感器、网络和平台——挖掘并建立联系。当千万级参数的大模型自发聚类，从看似无序的噪声中析出隐藏秩序，知识生产从人类中心主义的逻辑推演，转向数据本体的自组织涌现。

在治理领域，传统政策制定如同在迷雾中绘制地图，将事物从模糊轮廓逐渐完整清晰化。而当每个政策变量都化作可调参数，社会治理系统的运行逻辑将被重新定义。借助大数据分析，能精准把握社会动态，及时调整政策，让治理更具针对性与前瞻性，实现高效治理。公共卫生决策摒弃了抽样调查的管窥之见，全民健康数据的连续监测直接呈现病毒传播的数据轨迹。这种认知方式的颠覆性带来了认知论层面的深层焦虑。当数据关联性取代因果逻辑成为决策依据，治理者面临着"知道相关但不知所以然"的认知困境。大数据认知在揭示复杂关联的同时，也制造了新的认知盲区。这种认知革命要求人类重新定义"理解"的边界，探索一种更高级别的认知形态。

2. 算法黑箱与解释性困境

当治理决策从议会厅迁移至服务器集群，人类正面临模式危机。算法黑箱不只是技术障碍，更是阻隔在人类理性与机器智能之间的鸿沟。在深度神经网络的层层非线性变换背景下，即便开发者能追溯每个权值调整的数学轨迹，也无法将其映射回人类可理解的因果链条。这种解释性困境本质上是两种认知逻辑的冲突：人类思维依赖叙事连贯性，需要在时间轴上建立因果序列；而算法决策遵循特征空间的向量运算。

治理场域中，当司法量刑算法给出的刑期建议无法用自然语言解释，当城市规划模型推演出反常识的基础设施布局，治理的正当性开始动摇。可解释 AI（XAI）的技术追求，实质上是在机器认知与人类理解之间架设翻译桥梁，但这种解释永远是一种近似值，解释性技术本身也在制造新的幻觉。当算法决策系统在金融监管、刑事侦查等领域形成黑箱，治理透明度遭遇挑战。这种两难困境揭示出数字文明时代的基本矛盾：效率追求与权利保障的不可兼容性。我们越是精确把握算法的决策规律，就越可能破坏其预测效能。或许未来的算法治理，需要在可解释性与有效性之间权衡，就像薛定谔的猫同时处于生与死的中间态一样，要找到实现两者共存共生的方式。当人类不得不与比自己更"聪明"却更"不可知"的机器共享治理权时，人类必须战胜技术挑战和跨域认识论奇点，接纳人类智能与机器智能的共同进化。

（三）方法论转型：从"管理"到"涌现式治理"

传统公共管理承袭工业时代的机械论思维，将社会系统视为可拆解、可操控的装置，强调权威传导与标准化流程控制，其方法论本质是确定性追求，即一切按照固定的规则秩序实现。而数字文明催生的"治理"概念，则是自组织系统观，治理主体从单一权威中心裂变为政府、企业、社群、算法的多模态形式，治理能量不再依赖层级传递，而是在数据流构建的协同网络中涌现。这种涌现式治理通过开放系统的信息交换持续自我迭代，其秩序生成的不是顶层设计的精密图纸，而是多元主体在规则边界内互动衍生的耗散结构。这标志着人类正式告别"管理即控制"的经典理论，步入"治理即演化"的新纪元。

1. 分布式协同治理

去中心化自治组织（DAO）的本质，是将治理规则编译成不可篡改的智能合约代码，使信任不再依赖中心化机构的权威背书，而是转化为数学协议的确定性承诺。这种治理形态打破了物理空间对协作的束缚，使全球节点的智慧可以实时传导，在零知识证明的保护下完成价值交换与规则迭代。更深层的革命发生在信任机制的重构中。区块链的分布式账本技术将传统治理中耗散于文书流转、多层审批的信任成本，压缩为密码学验证的即时响应，治理系统获得了超越人类执行力的精准性与中立性。但分布式协同治理并非无政府主义，其核心奥秘在于通过博弈论机制设计，使个体理性选择与系统最优解形成结构均衡，既保持独立决策，又具有集体意志，在共识算法的约束下演绎出新型社会契约。

2. 敏捷治理与动态规则

当社会系统的迭代周期从年压缩至天，静态政策框架必然产生治理时滞。敏捷治理的哲学内核，是治理体系的持续进化，通过构建政策动态编辑机制，实现规则系统的自我演化。治理者可以通过数字沙盒技术观测不同决策路径的分形演化，捕捉蝴蝶效应在政策时空中的影响轨迹。机器学习驱动的调优机制，则赋予治理系统较强的自适应能力。传统政策依赖阶段性数据进行政策执行效果评估；而智能治理通过实时接入社会系统的数据流，持续对政策参数的权重进行微调。深度强化学习算法编码公共利益目标，从而寻找治理领域最佳策略，使政策工具在复杂环境中动态调整。更具颠覆性的是规则生成机制的转换。传统立法追求规则的永恒性；而敏捷治理框架下的规则体系通过持续吸收社会系统的熵变信息，在对抗神经网络博弈中自主进化。当治理系统学会从数据洪流中自主提炼规则信息，人类的治理之道将不是人类设计治理系统，而是治理系统在人机协同中共同进化。

（四）价值论重构：数字文明的价值判断

数字文明的曙光中，人类价值体系遭遇剧烈震动。这场价值革命迫使伦理框架进行结构性延展，新的伦理坐标必须容纳三重悖论：既要维系生物人类的价值客观性，又需承认硅基智能的伦理位格；既追求技术创新的熵增效应，又守护文明延续的负熵需求；既拥抱数字世界的超流动性，又锚定人性尊严的不变量。

1. 新社会契约：数字人权体系

传统以物理存在为基石的"自然权利"体系，在数据流重构的社会拓扑中遭遇危机。数据隐私权不再局限于信息控制的概念框架，而演化为数字人格完整性的保护。在元宇宙的架构中，每个人都是跨越虚实界面的两栖生存状态，法律亟待建立数字分身的保护机制，防止身份引发的权益湮灭。欧盟《数字权利宪章》与中国《个人信息保护法》的哲学分野，折射出数字文明演化的不同路径依赖。欧洲框架以个人权利为基础构建保护场域，其技术实现依赖去中心化的隐私计算网络。中国方案则展现出宏观特性，将个人信息保护嵌入国家数据主权中，通过国家云基座实现数据要素的受控演变。这种治理哲学强调集体安全与个人权益的叠加平衡，在数据跨境流动中既防范数据黑洞的隐私吞噬，又释放数据红利的辐射能力。两种方案虽技术路径殊异，但都试图在数字湍流化改革中守护人性尊严的基准线。

2. 技术平权与数字正义

算法社会的算力分配正制造新型的不平等，传统的社会分层被编码定义了更加明确的距离。外卖骑手的时空轨迹在路径优化算法中重组，他们的生物节律被压缩成配送效率的波动方程，这种算法规训实质上是将人类劳动降维为算力网络的附属品。矫正算法歧视需要构建动态公平约束的规则机制，通过反事实推理技术模拟不同群体的权益分布，使优化算法不得不在效率与公平之间寻找平衡点。

数字弱势群体的保护更需建立技术包容机制。老年群体在数字化转型中遭遇认知阻滞，他们陷入现实世界的经验与数字空间的操作间产生的差异性中。需设计跨越技术鸿沟的便捷通道，将语音交互界面转化为贴近传统生活的体验，让智能设备的功能选项的操作变得熟悉、简单。对于低技能劳动者，职业转型不应是技术替代，而应建立"技能—技术"共生演化的缓冲带。通过数字孪生技术进行职业技能训练，在虚拟工作场景中完成能力参数的渐进式调优，使技术进化成为人类潜能释放的催化剂。

数字正义的终极追求是打破算法权力的霸权，算法决策需在公平性约束的引导下，促进效率追求在伦理轨道上规范运行。同时建立技术红利的分配机制，实现数据价值的跨阶层共享，使数字文明的进步不再制造认知鸿沟的能级差，而是形成知识共享的协同。这种技术平权不是简单的资源再分配，而是重构数字生态系统的相干性，让每个社会个体都能在技术演进中找到晋升的公平通道。

（五）全球治理新秩序：数字主权的制度体系

数据跨境流动、算法标准制定、网络安全协议成为数字地缘的主要问题，这涉及国家、跨国科技巨头与分布式自治组织多个主体。随着地缘政治能级跃迁，这些主体共同推动全球秩序的制度性革命。

1. 技术栈竞争与数字铁幕

全球数字技术的演进轨迹正被地缘政治的引力撕裂，形成平行发展的技术格局。在5G通信领域，中国推动的Sub-6GHz频谱方案与西方主导的毫米波技术路线，不仅是无线电物理特性的选择分歧，更折射出基础设施的根本差异，前者追求广域覆盖的普惠连接，后者强调高速传输的精密服务。这种频谱战争悄然成为数字地缘的断层线：当东南亚国家的5G基站选择华为的Massive MIMO天线阵列，当欧洲运营商在美方压力下拆除中兴设备，技术标准成为国际话语权的争夺焦点。人工智能的竞技场则呈现价值观的镜像对立，东方侧重城市治理与社会服务的场景落地，西方聚焦个人隐私与伦理约束的框架设计，这使得全球AI生态逐渐分裂为两个互不兼容的阵营，使国际规则制定和全球治理协作出现兼容逆差。

芯片产业的博弈更暴露出技术主权的激烈争夺。美国通过出口管制构建半导体领域的严密防线，中国则以举国体制培育本土化产业集群。这已超出产业竞争的范畴，演变为科技文明存续的保卫战。在此背景下，"数字丝绸之路"与西方"技术联盟"形成对冲格局，前者通过海底光缆、智慧城市项目编织数字互联的东方丝线，后者则以"清洁网络"计划构筑技术信任的西方堡垒。这种技术阵营的割裂使人类正面临数字巴别塔①的建造困局。

2. 跨境数据流动的规则重构

数据流动的全球循环系统遭遇主权国家的霸权干预，传统"数据自由港"模式正在被"数据保税区"机制替代。绝对的数据本地化使数据跨境流动阻力重重，各国在安全与效率的博弈中探索出路，"可信数据空间"应运而生。欧盟与日本的数据流通协定打造出首条跨洋数据管道，通过互认合规框架实现数据流的"关税同盟"，这种模式在保留主权监管的追溯能力的同时，允许数据的自由流通。

数字货币的跨境战争则掀开金融治理的帷幕。中国数字人民币（e-CNY）以"可控匿名"特性构建主权货币的数字化分身，通过智能合约技术实现财政政策的底层触达；Facebook 发起的 Diem（原Libra）试图用稳定币架构架空传统汇兑体系，其背后的协会治理模式暗含私营资本重塑货币主权的野心。这场铸币权的争夺本质上是金融基础设施的底层规则之战，全球支付网络结构正在经历重新定

---

① "数字巴别塔"（Digital Babel）是一个隐喻概念，通常用来描述数字时代因数据孤岛、技术壁垒、标准不统一等问题导致的信息割裂现象。它借用了《圣经》中"巴别塔"——人类因语言混乱而无法协作，最终未能建成通天高塔的故事，映射到数字世界中则是系统间无法互通、数据难以共享、技术生态碎片化等问题。

义。规则的深层博弈在于秩序理念的碰撞。发展中国家呼吁建立"数字联合国"、实现技术民主化，发达国家则通过"技术价值观联盟"巩固规则制定权。这种重构不是简单的规则迭代，而是文明形态的重新编码——未来的数字地球仪上，经线是技术标准，纬线是数据协议，而海拔高度则由算力密度决定。在这幅新地图的绘制过程中，每个参与者都在寻找自己的等高线坐标。

（六）未来命题：数字治理的现实追问

未来的治理革命是用数据透视社会发展和保留人类创新空间的有机统一，既要构建全球协同的数字神经网，又需在算力垄断中捍卫文明的多样性。当治理 AI 开始反思自身的存在意义，人类能否找到人机共治的有效模式？这可能就是人类智慧的最终思考。

1. 人类与机器的治理权分配

当算法开始解释法律原则的衍射边界，人类法官的角色正从决策主体退化为系统校验者。更深层的挑战在于权力合法性的转移：传统司法权威建立在人类理性的可解释性之上，而 AI 的决策则需要新型的算法框架来约束。人机混合决策成为突出的矛盾点。机器提供的方案往往不符合人类的价值连贯性，颠覆了人类对世界的直觉认知。这种决策模式的合法性边界正在模糊。当人类监督阈值退化调整，我们实际上在创造某种技术官僚主义的变异体。未来的治理革命如何来保持动态两者间的平衡，还需要我们去不懈探索。

2. 数字永生与治理延续性

数字遗产正在突破传统继承法的防线。加密货币钱包的私钥传承、社交媒体账号的数字人格延续、虚拟世界装备的所有权转移，这些新型财产形态迫使继承法进行边界拓展。更尖锐的挑战来自意识克隆技术。当脑机接口能提取临终前的神经脉冲图谱，当量子存储设备可以冻结思维状态，法律不得不直面"数字灵魂"的继承问题。存储在云端的意识副本是否具备遗嘱执行能力？这已超出财产法的解释范畴。脑机接口技术打破了公民身份的统一性。意识上传者能否行使选举权？是否需要为机械躯体的物理行为承担刑事责任？当科学家同时在多个国家托管意识副本，国际法的属人主义原则遭遇巨大挑战。未来的身份治理可能需要建立"意识连续性"的司法鉴定标准，但如何防止深度伪造技术制造意识赝品，将成为数字永生时代最棘手的问题。

3. 宇宙尺度治理的萌芽

近地轨道上，星链卫星群编织的太空互联网正将地球治理延伸向宇宙深空。当卫星的波束覆盖争议领土，当频谱信号穿越主权领空，传统的空间法框架面临新的风险挑战。这种脱离国家范围的治理形态，意外展现出星际文明的某种原型，人类或许正在演练走向未来的跨星系社会。

从人机权杖的此消彼长，到意识永生的法律重构，直至星际治理的规则创生，每个维度都在拷问人类文明的适应弹性。或许未来的治理史学家会如此记录：当数字技术突破奇点的瞬间，人类没有选择抵抗，而是在与机器共生的湍流中，进化出了新的社会形态——既有硅基生命的超理性，又保留碳基生物的混沌美，在宇宙尺度上谱写治理新篇章。

第五章 社会主义市场经济体制下的数字变革

当前，中国政府通过政策布局释放制度红利，《数字中国建设整体布局规划》等政策构建起数字经济战略支点，而市场机制则驱动着科技龙头企业持续突破核心技术壁垒。这种政府引领与市场驱动的协同并进，避免了数字寡头的无序扩张，激活了数据要素的乘数效应。数字经济与实体经济深度融合的实践，正生动诠释着社会主义市场经济体制对技术革命的强大驾驭能力，为高质量发展开辟出兼具效率与公平的数字化航道。

一 中国特色的经济发展之道

中国经济发展奇迹始于 1978 年改革开放。通过市场化改革与对外开放的多措并举，中国 GDP 跃升至世界第二，实现了历史性跨越。经济结构实现从农业大国向工业强国的转型。高铁路网、5G 通信网络和工业制造不断提质增效。中国发展道路引发的"中国模式"大讨论，打破了"华盛顿共识"[①] 的理论垄断。"有效市场+有为政府"

---

① 华盛顿共识是 1989 年由美国国际经济研究所主导（转下页注）

协同机制、混合所有制经济、五年规划制度、渐进式改革等实践，形成了区别于西方的新发展体系。诺贝尔经济学奖得主斯蒂格利茨指出，中国证明了"市场与政府并非零和博弈"。"以人民为中心、强调实践理性"的发展哲学被称为"发展经济学的中国方案"，为发展中国家提供了全新选择。

（一）中国特色发展道路的理论与实践价值

中国特色发展道路以马克思主义基本原理与中国国情深度融合为理论内核，开创了社会主义制度框架下市场经济改革、科技创新驱动与人民主体地位相统一的现代化发展模式，为发展中国家突破"依附性发展"困境提供了新路径、新方法、新思路。中国在40多年时间里完成了西方用了300年才完成的工业化进程，并通过脱贫攻坚、生态文明建设等系统性工程创造了人类文明新形态，重塑了21世纪世界发展格局。中国不断通过理论突破与实践创新为人类社会走出一条更公平、更可持续的发展道路提供了新的答案，其价值将随着历史演进愈发彰显。

1. 突破传统理论框架的制度创新价值

中国特色社会主义经济发展道路创造性地解决了市场经济与社会主义制度的兼容性问题。这一实践打破了西方经济学"市场原教

（接上页注①）提出的新自由主义经济改革方案，旨在为拉美国家化解债务危机和推动东欧国家经济转型提供政策框架。其核心包括十大措施：强化财政纪律、调整公共支出结构、税制改革、利率市场化、汇率自由化、贸易自由化、开放外资、国有企业私有化、放松政府管制及保护私有产权。这些政策强调市场主导、减少政府干预，曾被视为全球经济治理的"标准答案"。

旨主义"① 的理论桎梏，构建起"有效市场+有为政府+有序社会"的多元主体互动结构。在所有制结构上，通过"公有制为主体、多种所有制共同发展"的制度设计，既保持了国有经济在战略领域的控制力，又释放了民营经济的创新活力。在资源配置机制方面，通过五年规划与市场机制的动态调适，形成了独特的"战略指引+市场响应"模式。这种制度创新不仅实现了马克思主义政治经济学的中国化发展，更创造了连续多年贡献率居全球首位、近年稳定在30%左右的实践样板。②

在实践维度，这种制度创新转化为切实可靠的发展效能。通过建立完整的工业体系，中国制造业增加值占全球的比重从 1990 年的 2.7%③跃升至 2022 年的 30%④；数字经济规模突破 50 万亿元，⑤培育出 41 个工业大类、207 个中类和 666 个小类的超大规模市场。⑥ 深圳从边陲小镇到创新之都的蜕变，苏州工业园从学习新加坡到输出管理模式的转变，都是制度创新转化为发展动能的生动

---

① "市场原教旨主义"（Market Fundamentalism）是一种极端推崇市场机制自我调节能力的经济意识形态，主张市场可以完全自发实现资源最优配置，反对政府干预、社会政策调控以及公共领域治理。其理论根源可追溯至亚当·斯密的"看不见的手"，但在 20 世纪经弗里德里希·哈耶克、米尔顿·弗里德曼等学者强化，成为新自由主义的核心信条。

② 国家统计局. 2024 年国民经济和社会发展统计公报 [R]. 2025.

③ UNIDO. International Yearbook of Industrial Statistics 1999 [M]. Vienna：United Nations，1999.

④ 国家统计局. 2022 年国民经济和社会发展统计公报 [R]. 2023.

⑤ 中国信息通信研究院. 中国数字经济发展研究报告（2023 年）[R]. 北京，2023.

⑥ 国家质量监督检验检疫总局，国家标准化管理委员会. 国民经济行业分类：GB/T 4754-2017 [S]. 中国标准出版社，2017.

写照。

2. 重构发展经济学范式的理论贡献价值

中国发展实践构建起具有普遍意义的发展经济学模型。其创新性体现在：一是破解了"转型陷阱"理论困境，通过渐进式改革实现体制平稳转轨。价格双轨制、经济特区试验、WTO 接轨期缓冲安排等制度设计，避免了苏东国家经济的崩溃危机。二是创新了后发国家赶超路径，通过"技术引进—消化吸收—自主创新"的螺旋上升，在高新技术产业领域实现从跟跑到领跑。科技研发投入从 1991 年的 150 亿元[1]增至 2022 年的 3.09 万亿元[2]，催生出"奋斗者"号载人深潜器、"嫦娥"探月工程等重大成果。三是创立了多维贫困治理模型，通过"五个一批"精准扶贫方略，使 9899 万农村贫困人口完成脱贫，[3] 提前十年实现联合国减贫目标，为全球减贫事业贡献了重要力量。

剑桥大学发展研究中心将中国经验提炼为"基础设施先行投资创造市场空间、人力资本持续积累培育内生动力、制度创新释放改革红利"的经典组合。诺贝尔经济学奖得主迈克尔·斯宾塞指出，中国在数字普惠金融、产业政策迭代、绿色转型等领域的实践，正在改写发展经济学的标准教科书。2023 年中国对共建"一带一路"国

<hr>

① 国家统计局等. 中国科技统计年鉴 1992 ［M］. 中国统计出版社，1992.

② 国家统计局，科学技术部，财政部.2022 年全国科技经费投入统计公报 ［R］. 北京，2023.

③ 国家发改委：全面打赢脱贫攻坚战 9899 万农村贫困人口脱贫 ［EB/OL］.（2022 年 5 月 12 日）. 取自：https://baijiahao.baidu.com/s?id＝1732589682206132119&wfr＝spider&for＝pc.

家直接投资持续增长，中欧班列开行量突破 10 万列（含回程），① 开创了南南合作新范式，为全球经济失衡治理提供了新思路。

3. 重塑全球经济治理的文明演进价值

中国发展道路的本质，是探索不同于殖民掠夺、霸权扩张的文明发展新形态。在经济领域，通过共建"一带一路"倡议，开创了"共商共建共享"的新型全球化模式，截至 2023 年末，中国在共建"一带一路"国家累计形成 3000 多个合作项目②，其中境外经贸合作区为当地创造 53 万个就业岗位③。在绿色发展领域，中国新能源装机容量占全球的 38.7%④，可再生能源投资连续八年居全球首位⑤，光伏组件产量占世界的 80% 以上⑥，正在为全球碳中和提供技术方案和产能支撑。在社会治理领域，浙江"共同富裕示范区"建设、福建"生态银行"实践、广东"民生实事票决制"等创新成果，正在探索物质文明与精神文明协调发展的现代化新路。

这种文明价值正在产生全球性影响。中国发展模式证明，现

---

① 中欧班列累计开行超 10 万列（含回程），运送货物逾 1100 万标箱为世界经济发展注入新动力 [EB/OL].（2024 年 11 月 30 日）. 取自：https：//www. gov. cn/yaowen/liebiao/202411/content_6990227. htm.

② 中国企业对共建"一带一路"国家直接投资存量超 3300 亿美元 [EB/OL]. 中国政府网，2024-10-02.

③ 共建"一带一路"十周年标准化成果报告 [EB/OL]. 中国一带一路网，2023-07-25.

④ IRENA. Renewable Capacity Statistics 2024 [R]. Abu Dhabi，2024.

⑤ BloombergNEF. Energy Transition Investment Trends 2024 [R]. London，2024.

⑥ 中国光伏行业协会.2023-2024 年中国光伏产业年度报告 [R]. 北京，2024.

代化不等于西方化，发展中国家完全可以在保持文化主体性的前提下实现振兴。世界知识产权组织数据显示，2022年中国PCT国际专利申请量达7万件①，连续四年居全球之首②，这不仅是技术突破，更代表着非西方文明对现代知识体系的贡献。正如埃及经济学家萨米尔·阿明所言："中国道路打破了'中心—边缘'的世界体系，开创了多极化文明共生的新可能。"从构建人类命运共同体到提出全球发展倡议，中国正在为世界经济治理注入新的文明基因。

（二）历史演进脉络

综观人类经济发展历程，如图5-1所示，每次发展都是生产要素的丰富和核心驱动技术的升级。

中国经济发展历程是一部制度创新与实践突破交织的壮丽史诗。

1978年开启的改革开放破冰期，以家庭联产承包责任制为突破口，将土地经营权归还农民，彻底激活了农村生产力。这一制度创新使全国粮食总产量从1978年的3.05亿吨跃升至1984年的4.07亿吨，6年间增幅达33.4%，③成功破解了计划经济时代长期存在的粮食短缺困局。

---

① 世界知识产权组织.2022年PCT国际专利申请统计分析报告［R/OL］.日内瓦：WIPO，2023-03-01.https：//www.wipo.int/pct/en/reports/annual/2022/.

② 国家知识产权局.2022年中国知识产权发展状况评价报告［R］.北京，2022-12-28.2019年：58990件；2020年：68720件；2021年：69540件；2022年：70015件。

③ 数据来源：国家统计局。

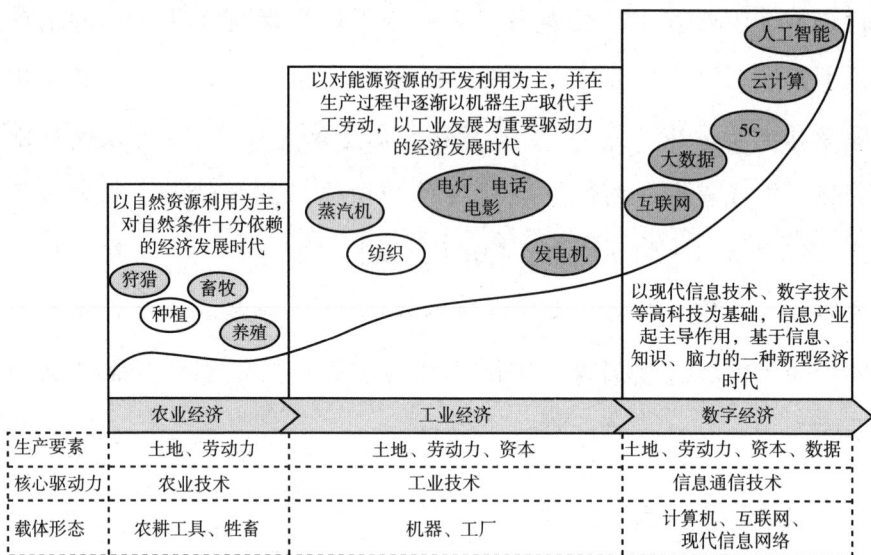

图 5-1　人类经济发展历程

　　1992 年邓小平南方谈话推动市场化转型，确立社会主义市场经济体制框架，通过价格并轨、分税制改革等制度，释放出民营经济的巨大活力。温州、苏南等地方积极创新实践，推动非公有制经济比重从 1992 年的不足 10%①攀升至 2000 年的 38.2%②。

　　2001 年加入 WTO 标志着深度融入全球化体系，通过"以市场换技术"的战略布局，中国制造业增加值占全球比重从 2000 年的 6.0%猛增至 2010 年的19.8%③，2013 年进出口总额突破 4

---

　　①　国家工商行政管理总局.中国个体私营经济年鉴 1978-1993 [M].中国工商出版社，1993：46-48.

　　②　国家统计局.中国统计年鉴 2001 [M].中国统计出版社，2001：表 13-5.

　　③　Bank T. W., World Development Indicators 2002 [J].World Bank Publications，2010，8（4）：37-42.DOI：10.1596/978-0-8213-6959-3.

万亿美元①，创造了 2000～2010 年 GDP 年均 10.5% 的经济增速。

2013 年开启的全面深化改革，以供给侧结构性改革为主线，通过"三去一降一补"优化经济结构，战略性新兴产业增加值占 GDP 的比重从 2015 年的 8.3%②提升至 2022 年的 15.5%③，实现了从要素驱动向创新驱动的历史性跨越。

在传统产业转型升级的历史关口，数字经济以其强大的渗透力和变革力，重构了中国经济增长逻辑。这一变革始于世纪之交的互联网技术革命，在移动支付（支付宝、微信支付两大第三方支付机构 2023 年交易规模之和已突破 500 万亿元④）、电子商务（2023 年实物商品网上零售额 13.02 万亿元⑤）、共享经济等新业态催化下，数字经济规模从 2008 年的 4.82 万亿元⑥扩张至 2023 年的 56.1 万亿元，占

---

① 海关总署：2013 年中国进出口总值首次突破 4 万亿美元 . （2014 年 1 月 10 日）. 取自：https：//www. chinanews. com. cn/cj/2014/01-10/ 5721303. shtml.

② 国家统计局 . 中国统计年鉴 2016 ［M］. 中国统计出版社，2016： 表 12-7.

③ 国家统计局 . 2022 年国民经济和社会发展统计公报 ［R］. 北京， 2023-02-28.

④ 艾瑞咨询 . 2023 年中国第三方支付行业研究报告 ［R］. 上海：艾瑞研究院，2024.

⑤ 国家统计局 . 2023 年国民经济和社会发展统计公报 ［R/OL］. 北京，2024－02－29. http：//www. stats. gov. cn/sj/zxfb/202402/t20240229_ 1947742. html.

⑥ 中国信息通信研究院 . 中国数字经济发展白皮书 （2017 年） ［R］. 北京，2017：23-25.

GDP 的比重提升至 41.5%①。其发展呈现显著阶段性特征：2015 年前的技术模仿创新期，以 BAT（百度、阿里、腾讯）为代表的互联网企业完成商业模式本土化改造；2015~2020 年的应用创新爆发期，移动支付普及率从 27.6%②跃升至 86.4%③，诞生了全球首个年交易额破万亿元的"双 11"购物节；2020 年后的数实融合深化期，"新基建"战略推动建成全球最大 5G 网络（2023 年末基站总数达 337.7 万个，占全球总量的 60%④），工业互联网平台连接设备超 8900 万台套，覆盖 41 个工业大类⑤，培育出 45 个国家级跨行业跨领域平台⑥。

随着数字经济的崛起形成了新型产业生态。在农业领域，截至 2023 年底，拼多多通过农产品上行通道连接 1623 万农业生产主体，覆盖 8.89 亿消费者中的 76%（约 6.75 亿人），全年促成农产品交易额突破 5100 亿元，同比增长 42%⑦；在制造领域，海尔卡奥斯平台

① 中国信息通信研究院. 中国数字经济发展研究报告（2024）[R]. 北京，2024-04-20.

② 中国人民银行. 2015 年支付体系运行总体情况 [R]. 中国人民银行，2016-03-15.

③ 艾瑞咨询. 2020 年中国第三方移动支付行业研究报告 [R]. 艾瑞研究院，2021-02.

④ 工业和信息化部. 2023 年通信业统计公报 [R/OL]. 2024-01-25. http：//www. miit. gov. cn.

⑤ 工业和信息化部办公厅. 2023 年跨行业跨领域工业互联网平台名单公示 [EB/OL]. 2023 - 05 - 22. http：//www. miit. gov. cn/jgsj/xxgs/xxhpt/art/2023/art_af4d8f5d7f5c4a7d8b8d5b6d5a5d8f. html.

⑥ 中国工业互联网研究院. 中国工业互联网产业经济发展报告（2024 年）[R]. 北京，2024-03：56-58.

⑦ 中国食品（农产品）安全电商研究院. 2023 中国农产品电商发展报告. 2023-3-15.

赋能 18 个行业构建数字化生态①，使产品研发周期缩短 30%，生产效率提升 25.7%②；在服务业领域，美团即时配送系统 2023 年日订单峰值突破 7100 万单（2023 年中秋节当日），全年有收入的骑手达 624 万人，其中 41.2% 来自县域及乡村地区③。这种变革得到制度创新的有力支撑，《数据安全法》《个人信息保护法》构建起数字经济治理框架，北京、上海、深圳等数字经济先导区形成制度创新集群，良好的试点示范不断发挥引领作用，吸引更多地区借鉴经验，进一步完善数字经济治理体系，推动数字经济持续健康发展。

当前，数字经济正面临着复杂的历史机遇与挑战：一是技术层面，量子计算、6G、AI 大模型等前沿领域攻关需要突破"卡脖子"技术；二是制度层面，数据要素确权、跨境流动等规则亟待创新；三是发展层面，需破解数字鸿沟（2023 年城乡互联网普及率仍存在 24.1 个百分点差距④）和平台垄断等难题。随着《"十四五"数字经济发展规划》的深入实施，中国有望在 2030 年前建成全球规模最大、应用最广的数字经济体系，为全球经济数字化转型提供"中国方案"。

---

① 工业和信息化部．2023 年跨行业跨领域工业互联网平台名单公示［EB/OL］．2023-05-22. http：//www. miit. gov. cn.

② 中国工业互联网研究院．工业互联网平台创新发展报告（2024）［R］．海尔智研院，2024.

③ 美团研究院．2023 年度骑手就业报告［R］．美团，2024-02：12-15.

④ 中国互联网络信息中心．第 52 次中国互联网络发展状况统计报告［R/OL］．2023 - 08 - 28. http：//www. cnnic. cn/n4/2023/0828/c88 - 10829. html. 截至 2023 年 6 月，城镇互联网普及率为 82.9%（较上年提升 1.2 个百分点）；农村互联网普及率为 58.8%（较上年提升 3.6 个百分点）。

（三）核心运行机制

中国特色社会主义市场经济体制是在改革开放的伟大进程中逐步建立和完善起来的。它既充分发挥了市场在资源配置中的决定性作用，又更好地发挥了政府的宏观调控效能。这种独特的经济体制为中国的经济发展开辟了一条独具特色的道路。

1. 政府与市场的"双轮驱动"

首先，中国特色的经济发展之道体现在坚持以公有制为主体、多种所有制经济共同发展。公有制经济在国民经济中占据主导地位，确保了国家对关键产业和领域的掌控，为经济的稳定发展提供了坚实的基础。同时，鼓励、支持和引导非公有制经济的发展，激发了市场的活力和创造力。各种所有制经济在市场竞争中相互促进、共同发展，形成了中国经济发展的强大动力。其次，中国特色的经济发展之道还体现在坚持以按劳分配为主体、多种分配方式并存。按劳分配体现了公平与效率的统一，鼓励人们通过辛勤劳动创造财富。同时，多种分配方式并存，允许资本、技术、管理等生产要素参与分配，充分调动了各方面的积极性和创造性。这种分配制度既保证了社会公平，又促进了经济效率的提高。最后，中国特色的经济发展之道强调坚持社会主义市场经济的改革方向。不断推进市场化改革，破除体制机制障碍，提高资源配置效率。同时，加强宏观调控，保持经济的稳定运行。在经济发展的过程中，注重统筹协调，实现经济、社会、环境的可持续发展。

中国特色社会主义市场经济体制的独特优势，是战略规划、市场运作与政策调控的有机统一。五年规划的战略引领作用构建起国家发展的制度框架，通过滚动式目标设定与动态评估机制，将中长期愿景分解为可操作的阶段性任务。以"十四五"规划为例,其确立的六大新目标(创新驱动、产业升级、内需提振等)通过 1055 项量化指标层层传导至地方政府与市场主体,形成"战略—规划—预算—项目"的完整闭环。这种规划体系既保持了政策连续性(如"制造强国"战略从 2015 年延续至 2035 年),又通过动态调整机制(每五年评估修订)适应技术变革与外部环境变化,2023 年针对人工智能突破新增"智能+"行动计划即最有力的例证。在实施层面,产业政策与市场机制的协同配合破解了"政府失灵"与"市场失灵"的困境。政府通过"竞争前补贴"引导要素向战略领域集聚,同时坚持市场在资源配置中的决定性作用,这种"政府搭台、企业唱戏"的模式,在半导体、生物医药等领域催生出长江存储、百济神州等具有全球竞争力的创新主体。宏观调控的逆周期调节能力则为经济平稳运行提供安全阀。中国特色宏观政策工具箱包含财政(专项债、税费缓缴)、货币(定向降准、再贷款)、产业(设备更新改造贴息)等多元化工具,形成跨周期与逆周期调节的立体网络。在 2020~2022 年疫情冲击期间,创新推出"直达实体"货币政策工具,累计投放 2.85 万亿元再贷款再贴现资金①,使中小企业贷款利率较 2019 年下降 1.3 个百分点。同时建立 GDP 波动预警机制,当季度增速偏离潜在增长率±0.5%时自动触发政策调整。这种"精准滴灌+压力测试"的调控艺术,使中国经济波动系数(标准差)从 1990~2010 年的 3.2%降至 2013~2023 年的 1.4%②。

---

① 中国人民银行货币政策分析小组.2022 年第四季度中国货币政策执行报告 [R].北京:中国人民银行,2023-02-24.

② 国家统计局.中国统计年鉴 2023 [M].中国统计出版社,2023:表 3-1.

制度设计环环相扣，避免了新自由主义"市场万能"的盲目性，克服了传统计划经济僵化低效的弊端，在动态平衡中实现发展质量、速度与安全的统一。这种治理模式在数字经济时代更显韧性，当美欧深陷"滞胀"困境时，中国依托制度优势实现中高速增长，为全球经济治理贡献了东方智慧。

2. 所有制结构创新

数字时代，中国特色的经济发展呈现新的内涵：一是新的含义在于将数据要素纳入社会主义市场经济框架，通过《数据二十条》等制度创新，将数字技术转化为生产力跃升的"倍增器"。在共同富裕导向下，数字技术不仅驱动效率提升，更成为缩小城乡"数字鸿沟"的桥梁，数字乡村建设印证着"技术普惠"的中国特色路径。二是新的方法体现为通过新基建构筑数字底座，产业智能化重塑生产模式，治理数字化优化制度供给。这种"技术突破—场景落地—制度适配"的闭环，在实践中形成独特经验。三是新的目标聚焦于构建数字生态，对内强化自主可控，对外通过数字丝绸之路输出数字治理方案，在人工智能伦理、跨境数据流动等领域参与全球规则塑造。随着"卡脖子"技术攻坚逐步完成，民生温度得以体现，更加彰显着中国式现代化的制度张力。

2025年民营企业家论坛的召开释放出多重战略信号，标志着中国经济治理逻辑的进一步升级。一是政策定力与民企信心的共同加固。在外部技术封锁加剧、全球产业链加速重构的背景下，中央以制度性降本、包容性监管等突破性政策，明确传递"两个毫不动摇"的深化落实信号。龙头企业各项联合创新成果，是对"科技自立自强"战略的实践回应，也彰显了政策与市场的相互信任。二是新质生产力与制度创新的协同突破。2023年全球数商大会首次系统性提出"数据要素三级市场"架构（所有权、使用权、收益权分置交易），将数字经济从技术应用层面向基础制度层推进，破解数据资产化梗阻，为民营企业开辟了万亿级新生产要素市场，标志着社会主义市场经济体制对数字文明的深度适配。三是全球化竞争从产品输出转向规则塑造。通过在东盟、中东建设离岸创新中心，中国民营企业正从被动适应国际规则转向主动参与标准制定。部分领域中国标准的全球引领，实质上是将"中国制造"升级为"中国规则"的软实力投射，不断提升中国技术话语权。四是安全与发展动态平衡的新治理哲学。产业链预警和技术替代清单的"双链护航体系"建立，既筑牢了关键零部件自主化目标的安全底线，又提升了长三角工业元宇宙平台研发效率。这种"底线思维与进取战略"的辩证统一，重新定义了新发展格局下的风险管控逻辑。五是商业文明与价值理性的深度融合。通过在平台经济反垄断、元宇宙产权界定等领域注入共同富裕、义利兼顾等东方智慧，突破了西方"技术至上主义"的单一叙事方式，提供了一种更具包容性的技术伦理方案。这昭示着中国民营企业已从改革开放初期的"市场补位者"，演进为新时代"制度创新者"和"文明探路者"。在"有效市场—有为政府—有机社会"的系统架构下，以制度性开放破解技术"卡脖子"问题，以包容性创新平衡效率与公平，这种既突破新自由主义窠臼又超越传统产业政策局限的中国方案，正在为全球经济治理贡献新的可能性。

二　数字经济是时代产物

随着信息技术一日千里地飞速发展，数字经济应运而生。数字经济是以数字化的知识和信息为关键生产要素，以现代信息网络为重要载体，以信息通信技术的有效使用为效率提升和经济结构优化的重要推动力的一系列经济活动，数字技术正成为推动全球经济高质量发展的核心力量。

（一）数字经济的历史方位

数字经济的勃兴绝非偶然。审视时代发展的当前节点，2023年中国数字经济规模达53.9万亿元，占GDP的42.8%，① 标志着"比特"必将超越"原子"成为核心生产要素。这种变革既源于移动互联网、算力革命等技术基础的质变突破，更根植于人类社会从工业文明向数字文明演进的历史必然。当物理世界的增长极逼近环境承载力阈值，数字空间的价值创造便成为突破"增长的极限"的密钥。中国政府将数字经济列入"十四五"核心战略，正是对"如何驾驭数字文明"这一时代命题的主动应答。站在人类文明史的视角，数字经济既是千年技术积累的量变爆发，更是文明质变的临界点，其发展轨迹将重新定义21世纪的人类生存方式与价值锚点。

1. 规律性认识

以人工智能、区块链、物联网为支柱的第四次工业革命，正在重塑全球经济版图。在这场变革中，中国完成了从"追赶者"到"领跑者"的惊人跨越，这源于独特的转型路径。中国率先破解数字时代的制度密码：颁布全球首部《数据安全法》，创设数据交易所，在数字货币、智慧城市等领域形成制度性输出能力。当美欧陷入"数

---

① 国家互联网信息办公室. 数字中国发展报告（2022年）[R]. 国家互联网信息办公室，2023.

字主权"与"市场开放"的零和博弈时，中国通过"数字丝路"和
DEPA（数字经济伙伴关系协定）对接，构建起崭新的数字治理框
架。历史表明，每次工业革命都是技术、制度、治理协同进化的产
物：蒸汽机催生工厂法，电力系统孕育反垄断法，而今数字技术正倒
逼全球规则体系革新。中国数字经济正是这种协同进化规律的当代
印证，其发展轨迹既遵循社会发展的普遍规律，更彰显中国特色社
会主义制度的独特优势，为人类文明数字化转型提供了范例。

2. 技术革命：数字经济的物质基础

（1）基础设施革命

数字技术革命以实体基础设施的颠覆性重构奠定发展根基，其
物理基础体现为通信网络与算力体系的协同进化。在通信维度，中
国建成全球最大 5G 独立组网，实现地级市城区 100%覆盖与重点场
景平均下载速率超 500Mbps。这种网络能力质变催生工业互联网、
远程医疗等场景革命，更支撑起每平方公里百万级设备接入的万物
互联生态。在算力维度，东部算力需求与西部清洁能源深度耦合。
这种"网络+算力"的新型基础设施，为数字经济可持续发展奠定
了物理基石。信息技术的不断进步为数字经济的发展提供了技术支
撑。互联网、大数据、人工智能、区块链等新兴技术的广泛应用，
使得数据的采集、存储、处理和分析变得更加便捷高效，为经济活
动提供了新的手段和方式。技术革命在此显露出双重面相：既是光
纤与芯片构筑的实体网络，更是能源革命与数字转型深度融合的文
明跃升载体。

（2）关键技术创新

数字技术为数字经济注入持续动能。数据作为新时代的"战略
石油"，其价值密度呈指数级攀升，催生出精准营销、智能制造等新

的价值空间。算法作为"炼油工艺"的革新引擎，经历从机器学习到深度学习的快速转换升级：以万亿参数大模型为代表的人工智能技术，在蛋白质结构预测、金融风控等领域实现突破，其智能涌现能力正重构知识生产体系。算力作为"开采钻机"的进化迭代，支撑起气象预测、药物研发等大数据场景突破，解放更多的劳力从事创新创造工作。

在关键技术突破层面，人工智能与量子计算的协同创新打开新维度。九章量子计算机对高斯玻色取样问题的求解速度比超算快百万亿倍，这种"量子优越性"不仅为密码学（破解 RSA-2048 加密仅需 8 小时）带来革命，更在材料模拟（锂电池能量密度计算效率提升万倍）领域开辟新疆域。而大模型技术从 GPT-3 的 1750 亿参数到现阶段 20 万亿参数的几何倍数递增，标志着智能体从"鹦鹉学舌"到"思维涌现"的本质变化。在司法领域，智能文书生成系统使基层法院案件处理效率提升 3 倍；在制造业领域，工业质检大模型将缺陷识别准确率提升到超过 99.9%，极大地减少了质量损失。

（3）技术—经济范式转换

2023 年中国数据要素市场规模突破 1200 亿元的背后，是数据资源在"量"与"质"上的螺旋式提升。海量数据的价值密度提升，依赖算法与算力的精炼提纯。这种"数据炼金术"本质上将原始数据流转化为决策智能的密度升级。梅特卡夫定律[①]在此显现出乘数效应，形成"用户增长—数据积累—体验优化"的增强回路。这种规

---

① 梅特卡夫定律（Metcalfe's Law）是由以太网发明人之一的罗伯特·梅特卡夫（Robert Metcalfe）提出的一个理论，用于描述网络的价值与用户规模之间的关系。其核心观点是：一个网络的价值与其用户数量的平方成正比，即 $V \propto n^2$，其中 V 代表网络价值，n 代表用户数量。

模效应正改变着产业格局：在新能源汽车领域，特斯拉通过160万辆联网车辆实时数据训练自动驾驶模型，使FSD系统①每千英里干预次数降低，几乎达到不干预的状态，数据闭环能力构建起竞争壁垒。当数据要素与网络效应深度耦合，经济发展的底层逻辑已从"资源驱动"转向"连接赋能"，重写21世纪的价值创造方程式。这本质上是数据要素价值释放、算法决策能力跃升、算力基建规模效应共同作用的化学反应。当数据在千行百业提升生产力，数字经济的飞轮效应已然显现。这不仅是工具效率的量变积累，更是人类首次通过代码构建起与现实世界并行的数字孪生体，在虚拟与现实的交互中进行新一轮的价值创造。

3. 社会转型：数字经济的现实需求

从消费模式的颠覆到产业结构的重构，从治理能力的升级到就业生态的蜕变，这场由技术驱动的社会转型回应了时代发展的现实需求，在每一个环节中勾勒出人类文明向更高效率、更优体验迈进的新图景。

（1）消费升级驱动

在物质丰裕的时代，消费者不再满足于标准化产品的批量供给，而从"千人一面"向"一人千面"转变。随着我国人均可支配收入突破4万元，个性化需求如同井喷般爆发。服装行业率先掀起革命：通过C2M反向定制模式，消费者自主设计的花色、版型订单已占据制

---

① 特斯拉FSD（Full Self-Driving）系统是一套基于人工智能技术的高级驾驶辅助解决方案，其核心目标是通过纯视觉感知与深度学习实现车辆自主决策与控制。FSD系统摒弃传统雷达或激光雷达，主要依赖多路摄像头构建360度环境感知体系，结合自主研发的神经网络算法，实时解析道路标志、交通信号灯、障碍物等复杂场景信息。

造业总量的相当大的比例。工厂的柔性生产线能在 72 小时内完成从用户创意到成品交付的全流程，生产线上的 AI 算法实时解析数万种组合需求，将传统制造业的"规模经济"改写为"个性经济"。服务领域，时空壁垒被彻底打破。这种变革不仅体现在效率提升上，更催生了新型服务岗位，拉动经济扩容增长，让冰冷的科技有了人性的温度。

（2）产业变革压力

全球产业链的震荡迫使企业重新审视生存法则。"黑灯工厂"已经开始在我国工业制造业逐渐铺展开来，机械臂以 0.02 毫米精度组装精密元件，AI 视觉检测系统每秒钟完成 200 件产品质检，人力成本占比急剧下降。这种智能制造转型并非个案，工信部数据显示，全国工业机器人密度已达每万名工人 392 台，超越美、日、德等传统制造业强国。[①] 当机器替代了流水线上的重复劳动，人类开始向价值链上游迁移，工程师们通过数字孪生技术模拟整个生产线的能耗曲线，借助算法优化使得单位产值能耗降低，为实现"双碳"目标提供了技术解法。这场变革催生出全新的产业协作模式。尤其在新技术产业，全球工程师可以在数字化空间共同协作，将产品开发周期极大压缩。这种打破地理边界的"数字共同体"，正在赋予产业竞争的底层逻辑新的内涵。

（3）就业结构变化

劳动力市场折射出时代转型的情形。《2023 职业选择新趋势数据

---

① 中华人民共和国工业和信息化部．（2023），2023 智能制造开发报告；日本：2023 年 IFR 数据显示机器人密度为 385 台/万名工人；德国：371 台/万名工人；美国：285 台/万名工人。中国首次在机器人密度上超越传统制造业强国，但韩国（1000 台/万名工人）和新加坡（730 台/万名工人）仍居全球前两位。

报告》指出，人工智能训练师岗位需求较2022年增长210%，数字孪生工程师岗位需求增长185%（样本覆盖15万家企业的招聘数据）①，而基础财务岗位需求下降23%，智能客服系统渗透率提升导致人工客服岗位大幅缩减。这种景象揭示着残酷而清晰的规律：凡是能被算法解构的程式化工作都面临替代风险，而需要人类独特创造力的领域正迸发新机。个体的职业发展逻辑随之发生根本转变。职业稳定性的内涵已从"岗位终身制"转向"能力可迁移性"，自我迭代能力成为新时代的"铁饭碗"。伴随信息技术应用和数字经济的蓬勃发展，逐渐形成依托互联网平台就业的网约配送员、网约车驾驶员、互联网营销师等新就业群体。2023年全国总工会公布的第九次全国职工队伍状况调查显示，在全国职工队伍组成结构上，平台经济吸纳了超过2亿灵活就业人员，其中新就业群体达到8400万人，在全国职工总数中占比达到21%。新就业群体处于数字空间和实体空间的交界面，面临效率考核与客户评价的矛盾点，身陷平台控制与个体权益保护的夹缝中。"有就业无门槛、有劳动无单位、有上班无下班、有报酬无工资、有伤残无工伤、有风险无保险、有问题无监管"，形象地展现了这一群体看似在不停"打短工"实则在给平台"打长工"的本质问题。

在这场席卷全球的数字革命中，没有旁观者，只有参与者。当制造业车间的工人变成数字系统的"指挥官"，当每个人的职业轨迹都需要用代码书写新的可能性，我们正在见证的不仅是技术的进步，更是人类文明的深层变革。这场转型既充满挑战，它要求个体持续

---

① 数说故事. 2023职业选择新趋势数据报告. 2023. 取自 https：//max. book118. com/html/2024/0617/7063011120006122. shtm.

突破舒适区；也孕育机遇，它为每个主动拥抱变化的人提供了重新定义价值的契机。

（二）数字经济具有许多独特的优势

数字经济作为继农业经济、工业经济之后的第三种经济形态，正构建起全新的价值创造体系。它以数字技术为基础，展现出传统经济难以企及的独特优势，其核心特征是技术工具的革新和对经济运行规律的系统归纳。

1. 高创新性

数字经济的创新性根植于其内在的自我迭代机制。与传统经济依赖物质资源消耗驱动的线性增长不同，数字经济构建了"数据—算法—场景"的特殊通道。数据要素的无限再生性打破了传统生产要素的稀缺性约束，使得创新活动摆脱了资源瓶颈的桎梏。当机器学习模型在自动驾驶领域每天消化数千万公里的行驶数据时，这种持续的数据喂养实质上创造了知识生产的永动机，推动技术能力和经济价值相互作用、共生共进。云计算平台将分散的算力资源编织成坚实的基础设施基座，开发者无须重复建设底层架构即可专注于应用创新。开源社区的协同开发模式更是将个体智慧汇聚成集体创造力，构成了数字时代的"创新蜂群"。这种开放共享的创新生态，形成了持续进化的创新脉冲。

2. 高渗透性

数字技术的渗透性源于其通用目的技术（GPT）的本质属性。如同电力革命改变所有产业的生产方式，数字技术通过"连接—解构—重组"的三部曲，通过数据要素的流动性实现价值网络的拓扑重构，使所有经济部门共生在数字化链条上。当农业传感器将土壤、作物、天气要素信息等转化为数据流，当工业设备振动频率被编码为预防性维护信号，物理世界在数字空间建立起翔实的数学模型，传统产业的运行逻辑由此发生根本转变。在微观层面，数字孪生技术构建的虚拟映射系统，使产品研发从物理试验转向仿真优化。在宏观层面，产业互联网平台将产业链上下游的研发、生产、物流等环节编织成动态响应的价值网络，传统产业边界在数据流动中逐渐消融。这种穿透性变革使得制造业服务化、服务产品化的趋势加速显现，催生出智能运维、按需制造等融合型新业态。

3. 高附加值

数字经济的附加值来源于知识要素的指数化增值效应。在数据、算法、算力构成的新生产函数中，知识的编码、传播和应用效率发生质变。传统经济受制于传播损耗，产生知识外溢，而在数字空间，知识要素可无限复制、长时间保存。当预训练大模型将人类知识压缩为参数矩阵，当自动化决策系统将专家经验固化为算法模型，知识要素的边际成本趋近于零，边际收益却持续递增。价值创造机制催生全球价值链分配格局的重新定义。数字平台通过捕获用户行为数据，将碎片化的需求信息转化为精准的产品设计参数，使得价值创造从生产端前移至消费端。工业软件将工程师的工艺知识沉淀为可复用的数字资产，企业核心竞争力从设备规模转向知识积累。这种转变使得数字经济呈现显著的规模收益递增特征，头部企业通过知识资产的持续积累形成竞争壁垒，构建起"强者愈强"的正反馈循环。

4. 系统涌现

数据要素的跨域流动催生出新一轮融合创新，智能算法在医疗、金融、制造等领域的跨界应用，不断孵化出颠覆性的新应用。产业数字化与数字产业化的协同演进，推动经济系统向更高阶的复杂适应系统进化。在这个过程中，传统经济的发展瓶颈被突破，取而代之的是网络效应带来的共赢增益和生态红利。这种系统优势有助于构建更具韧性和可持续性的经济形态。数字孪生城市通过实时仿真优化资源配置，在提升城市运行效率的同时降低能源消耗；农业大数据平台通过精准施肥灌溉，在提高产量的同时减少源头污染。当绿色低碳发展成为全球共识，数字经济的内在特性恰好与可持续发展高度契合，为破解经济增长与生态保护对立的难题提供了技术解法和实践路径。

（三）数字经济面临的矛盾与挑战

全球经济数字化转型已迈入深水区。技术迭代速度与制度创新节奏的失衡仍在加剧，人类社会尚未准备好应对算力霸权带来的伦理冲击。危机中也孕育着转机，考验着人类驾驭技术红利的智慧与定力。

1. 效率与公平

数字经济构建的效率神话，正遭遇复杂的社会结构的冲击。数字鸿沟不再是简单的设备接入差异，掌握数据解读能力的群体能通过算法推荐精准捕获商业机会，而数字素养薄弱的群体却在信息茧房中陷入认知贫困。这种分化在代际及地域、阶层之间形成难以逾越的"数字断层线"。算法歧视则将社会固有的偏见编码为数学公式。当求职系统通过历史数据训练出对特定群体的隐性排斥决策机制，当信贷模型因缺乏多样性数据而放大金融排斥，现实世界的结构性不公在数字空间仍然延续，但被赋予了"技术中立"的合法性外衣。这种技术异化现象暴露了效率至上的发展逻辑与公平正义价值诉求之间的根本冲突。

2. 创新与安全

数字技术的创新突破往往伴随着未知的风险。半导体产业国产化困境折射出底层技术自主可控的迫切性，技术断供风险随时可能将数字大厦推向崩塌边缘。这种"创新依附"困境揭示出数字经济繁荣表象下的脆弱根基，正是缺失基础研究领域的长期投入，导致形成致命的"技术代差"。数据安全威胁则呈现攻防两端的动态复杂性。量子计算对传统加密体系的颠覆性威胁、深度伪造技术对信息真实的解构、物联网设备带来僵尸网络风险，这些技术"暗物质"的存在使得安全防线需要持续动态重构。如何在鼓励技术探索的同时建立风险预警与熔断机制，成为考验数字文明成熟度的重要标尺。

3. 全球化与自主性

技术标准竞争实质是数字世界规则制定权的竞争。兼容性与排他性的选择背后，关乎数百万亿级数字经济生态的话语权分配。这种竞争既推动技术创新呈现多极化格局，也可能导致全球数字市场陷入"技术巴尔干化"① 困境。跨境数据流动引发的治理冲突，则触及现代国家主权的数字边界。海底光缆承载的比特流中，既流淌着全球经济融合的血液，也潜伏着意识形态渗透与数字殖民的风险。

4. 突围路径

消解这些矛盾的关键，在于建立适应数字文明特征的新型治理

① 技术巴尔干化（Technological Balkanization）是一个隐喻性概念，源于历史上的"巴尔干半岛分裂"现象，指代全球技术体系因政治、经济或意识形态分歧而逐渐割裂为多个互不兼容的"技术孤岛"。这种现象在数字时代呈现为三种典型形态：国家间因数据主权争夺形成区域性技术标准（如中美在5G频谱和AI伦理框架上的分野），科技巨头构建封闭生态系统导致的平台壁垒（如移动操作系统安卓与iOS的生态隔离），以及技术民族主义催生的供应链脱钩（如半导体产业的地缘化重组）。

框架。这需要超越非此即彼的二元思维，在技术理性与人文价值之间构筑对话桥梁。对于算法歧视，可探索"可解释人工智能"与算法审计制度；面对半导体产业瓶颈，需构建"基础研究—应用创新—产业生态"的正向循环体系；应对数据主权争议，可推动多边框架下的互认机制建设。更重要的是，在效率与公平、创新与安全、开放与自主的倡议中，人类需要在矛盾因素的持续互动中寻找最优解。数字经济的深层挑战，本质上是工业文明向智能文明转型期的阵痛。这些矛盾不应被简单地视为发展道路上的障碍，而应被理解为文明演进必须穿越的"技术—社会"磨合带。唯有保持技术谦逊与人文警觉，在创新冲动与风险敬畏之间找到平衡支点，才能将数字文明的航船导向更可持续的未来。这是对技术治理能力的重大考验。

三　数字变革中的大国经济发展

面对数字经济的发展浪潮，大国间的竞争焦点从传统的资源争夺转向数字主权、技术标准与生态体系的构建。在这场世纪变革中，大国的经济发展路径正在经历工业互联网与消费互联网的融合裂变，其战略选择将深刻影响未来的全球秩序格局。

（一）国际形势：数字地缘政治的三大裂变

1. 技术权力的多极化

全球数字技术领域呈现"一超多强"的竞争格局。美国凭借芯片设计、基础软件等底层技术优势占据制高点，中国在 5G 通信、数字支付等应用层形成局部突破，欧盟通过《数字市场法案》强化规则制定权,俄罗斯、印度等国家加速推进数字主权建设。这种技术权力的分散化打破了冷战后的单极体系,形成"数字多极化"的复杂格局。半导体产业成为战略焦点:美国《芯片与科学法案》投入 520 亿美元重建本土制造能力①,中国 28 纳米以上成熟制程产能占比突破 75%②,《欧盟芯片法案》瞄准全球 20%市场份额③,技术自主成为大国经济安全的生命线。

2. 数据要素的全球化

数据流动的"自由化"与"主权化"矛盾日益凸显。虽然数据体量与日俱增,但各国监管政策呈现碎片化特征:欧盟 GDPR 构筑数据壁垒,中国建立数据出境安全评估机制,美国 CLOUD 法案赋予跨境调取数据权力。这种"数字柏林墙"现象导致全球数据市场割裂,迫使跨国企业构建区域化数据中枢。与此同时,发展中国家在数据殖民主义阴影下寻求突围,印度《个人数据保护法案》要求关键数据本地化存储,非洲国家推动签订区域数据流通协议,数据主权成为经济自主权的新战场。

3. 产业生态的智能化

全球价值链正经历"数字化解构—智能化重组"的双重变革。传统垂直分工体系被数字平台重构,智能制造将生产环节压缩为"设计—制造—物流"的实时响应网络。德国工业 4.0 通过数字孪生

① 《芯片和科学法案》(CHIPS and Science Act),美国国会,2022年 8 月.

② 第三代半导体产业技术创新战略联盟《第 3 代半导体产业发展报告 2023》,2024 年 4 月.

③ 欧盟理事会《欧盟芯片法案》(European Chips Act),2023 年 7 月.

技术实现设备互联，《中国制造 2025》在全球化逆流中实现制造强国，美国制造业回流依赖智能机器人提升效率。这种变革使得产业竞争力不再取决于劳动力成本，而是取决于数据整合能力与算法优化水平。

（二）变革路径：大国经济的四重突围

1. 技术自主的生态化突破

突破"卡脖子"技术需构建"基础研究—应用创新—产业转化"的闭环生态。关键在于培育开源创新生态：RISC-V 架构打破 x86/ARM 垄断，OpenHarmony 操作系统装机量突破 7 亿台①，DeepSeek 支撑起 AI 应用的底层架构，这种开放式创新正打破现阶段的技术权力结构。同时，人才争夺白热化，全球顶尖 AI 研究人员中较大比例任职于美中两国，教育体系向"数字素养+跨学科能力"转型成为战略重点。

2. 产业体系的智能化升级

传统产业数字化转型需经历"设备联网—数据洞察—智能决策"的逐级变革。汽车产业从机械制造向"软件定义汽车"转型，新兴产业则呈现"技术—场景—资本"的螺旋式增长：元宇宙融合 XR 与区块链技术构建沉浸式商业生态，全球市场规模预计 2030 年达 1.5 万亿美元；② 绿色数字技术推动能源系统智能化，智能电网将从多角度提升降低输电损耗的配电网措施。

---

① 每日经济新闻．（2023.12.20）．华为重磅官宣：超 7 亿台！［EB/OL］．取自：https：//www.nbd.com.cn/articles/2023-12-20/3172004.html.

② 普华永道．《2023 年全球消费者洞察调研》中国报告［R/OL］．2023．取自：https：//www.pwccn.com/zh/press-room/press-releases/pr-210923.html.

3. 治理体系的适应性重构

数字经济的监管需平衡创新激励与风险防控。中国推行"包容审慎"监管原则，设立数据交易所，探索要素市场化配置；欧盟《人工智能法案》建立风险分级管理体系，美国 FTC 加强算法歧视审查。核心挑战在于构建动态治理框架。国际规则制定权争夺激烈，CPTPP①被纳入数字经济专章，WTO 电子商务谈判陷入僵局，多边框架与区域协定并存形成"制度拼图"。

4. 全球合作的战略性布局

技术封锁与脱钩倒逼形成新型合作模式。中美在量子计算、气候变化等领域保持有限合作，金砖国家建立数字货币结算体系，东盟推动跨境数字贸易区建设。关键领域呈现"竞合交织"特征，例如 6G 技术标准制定中，中美欧分别主导不同技术路线。数字基础设施输出成为地缘政治工具，美国"数字互联互通"计划投资全球 5G网络，中国数字"一带一路"遭遇西方"清洁网络"围堵。

（三）未来图景：数字经济的"破"与"立"

1. 根本转变在于制度创新

数字经济推动增长动力从"要素驱动"转向"知识驱动"。

---

① CPTPP（全面与进步跨太平洋伙伴关系协定）是由亚太地区国家主导的高标准自由贸易协定，其前身为美国主导的《跨太平洋伙伴关系协议》（TPP）。2017 年美国退出后，日本牵头其余数国重新谈判并于 2018 年形成 CPTPP，目前成员国已扩展至 12 个，涵盖英国等非传统亚太国家。该协定通过 99% 商品零关税、数字贸易规则创新及严格的国企改革条款，构建了超越传统自贸协定的制度框架，要求成员国在知识产权、环境标准、数据跨境流动等领域实现深度一体化。

全球知识密集型服务业占比达40%,① 数据要素对GDP的贡献率突破15%。② 但生产率悖论显现：2010~2022年美国数字产业投资增长300%，而全要素生产率仅提升0.8%③，技术红利释放需要制度创新的同频。因此，需完善知识产权保护、优化科技金融体系等制度安排，营造良好创新环境，让制度与技术协同共进，释放数字经济的巨大潜力。

2. 分配机制的思考

数字平台重塑价值分配逻辑，全球1%的超级平台掌控70%以上数据流量,④ 劳动者面临"零工化"与"技能过时"风险。全民基本收入（UBI）在芬兰、加拿大试点，中国探索数据要素参与分配机制，分配正义成为研究的关键。

3. 产业生态的自由民主

数字经济领域的产业生态民主化进程正遭遇结构性矛盾。生态失衡催生了"数据寡头"与"代码佃农"的新阶级分化。破局关键在于构建技术平权机制。真正的产业民主不应止于反垄断罚款，而需在区块链确权与智能合约框架下，让每个参与者都能分享数字文明的制度红利。

数字变革中的大国经济发展，本质上是国家能力在数字维度的全方位竞技。这场变革没有现成路线图，唯有在技术自主与开放合

---

① 商务部国际贸易经济合作研究院．全球服务贸易发展指数报告2023［R］．2023.

② 中国信息通信研究院．全球数字经济白皮书（2023年）［R］．2023.

③ 丹尼尔·拉什卡里，杰里米·皮尔斯．美国制造业生产率放缓之谜［J］．金融市场研究，2024（9）：108-111.

④ 中国网络空间研究院．世界互联网发展报告2023［R］．2023.

作、市场活力与风险管控、效率提升与公平保障之间寻找突破。对中国而言，需把握"超大规模市场+完整产业链+数字新基建"的独特优势，在核心技术攻关中强化非对称优势，在规则制定中贡献东方智慧，在产业变革中培育新质生产力。全球数字经济的未来，既取决于技术创新的速度，更考验人类构建包容性发展框架的智慧。唯有将国家战略与全球责任相统一，才能在数字时代的星辰大海中开辟出可持续发展的新航路。

第六章　治理能力现代化的
数字政府建设

在数字化转型浪潮中，数字政府建设正将"技术赋能"升维为"制度重塑"，推动政务服务从流程优化向系统重构质变，治理范式从经验驱动向精准治理转变。这种变革对于提升国家治理能力、提高政务服务效率和公众满意度等方面都具有重大意义，这些方面也将成为检验治理现代化成果的关键标尺。

一　数字政府的发展

数字政府的发展并非一蹴而就，而是经历了多个阶段的不断演进。在早期阶段，数字政府主要侧重于信息化建设，通过建立政府网站、电子政务平台等方式，实现政务信息的公开和在线服务的提供。这一阶段的数字政府主要解决了信息不对称的问题，让公众能够更加方便地获取政务信息。随着信息技术的不断发展，数字政府进入第二个阶段，即数字化转型阶段。在这个阶段，政府开始注重数据的整合和利用，通过建立大数据平台、数据共享交换平台等方式，实现政务数据的互联互通和共享共用。同时，政府也开始利用人工智能、区块链等新兴技术，提升政务服务的智能化水平和安全性。目前，数字政府已经进入第三个阶段，即智慧政府阶段。在这个阶段，政府将更加注重以人为本的服务理念，通过建立智慧城市、智慧社区等方式，实现政务服务的个性化、精准化和高效化。同时，政府也将更加注重与社会各界的合作与协同，通过建立开放创新平台、众包众创平台等方式，实现政务服务的社会化和协同化。

（一）我国数字政府的形成

我国以习近平新时代中国特色社会主义思想为指导，立足新发展阶段，贯彻新发展理念，加快构建数字化、智能化的政府运行新形态。围绕网络强国、数字中国战略目标，强化数字政府对经济社会发展的引领作用，推动政府治理流程优化、模式创新和履职能力提升，持续助力国家治理体系和治理能力现代化。

数字政府的发展伴随着数字化的进程逐步推进。我们一般认为信息化经历了三个阶段，如图 6-1 所示。第一阶段（1995 年之前）主要是办公数字化阶段，是从传统媒介到电子媒介的过程，实现了数据的结构化，为数字化奠定了基础。第二阶段（1995～2015 年）是社会数字化阶段，是互联网数据结构化和非结构化并存的阶段，出现了大规模数据的交换和汇聚，构建起了政务数据平台。第三阶段（2015 年至今）是万物数字化阶段，是数据驱动的智能化应用百花齐放的时期，数据要素被深度挖掘并与场景紧密融合，呈现智慧化能力。数字政府建设首先享受了信息化发展带来的第一波红利。

为了更好地理解数字化对数字政府的影响，以及合理探索政府数字化转型的实施路径，还需要区分电子政务、数字政务和数字政

◆ 办公数字化
传统媒介到电子媒介
数据结构化为主

◆ 社会数字化
互联网数据
结构化和非结构化并存

◆ 万物数字化
数据海量、多样、时效性强等
数据驱动应用智能化

信息化1.0
1995年之前
数字化奠定基础

信息化2.0
1995~2015年
网络化构建平台

信息化3.0
2015年至今
智能化呈现能力

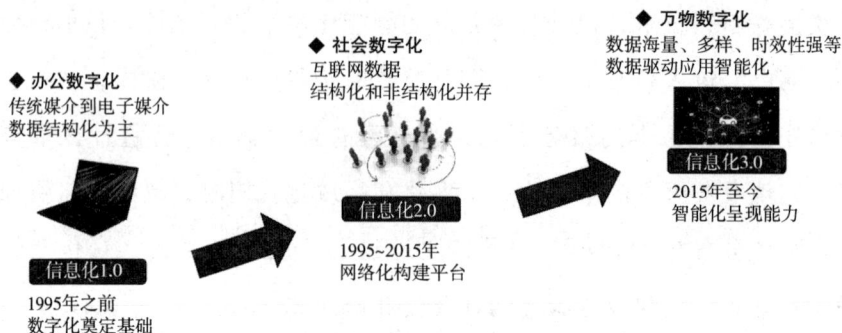

图6-1 我国数字化转型历程

府的基本概念，三者是政府数字化转型不同阶段的核心理念，其内涵与边界存在渐进式差异。从电子政务到数字政务，再到数字政府，三者呈递进关系，数字政府是数字化与治理深度融合的高级形态。第一阶段，电子政务起步阶段（20世纪90年代至2010年），初期以办公自动化为核心，重点推进"三金工程"及"一站两网四库十二金"等信息化基础设施建设。电子政务是以信息技术来优化政府内部流程与公共服务，核心是流程电子化，主要聚焦部门业务线上化。第二阶段，数字政务发展阶段（2010~2019年），随着云计算和大数据技术的普及，政府开始构建全国一体化政务服务平台，推动跨部门数据共享。2016年"互联网+政务服务"战略提出后，"一网通办""最多跑一次"等模式逐步推广，政务服务向线上迁移，政务服务体系初步形成。数字政务是以数据驱动实现跨部门服务整合，核心是服务集成化，主要侧重政务服务领域，强调数据共享、用户体验导向、技术底座升级。第三阶段，数字政府形成阶段（2019年至今），2019年国务院明确将数字政府建设作为国家战略，标志着进入数据驱动阶段。通过《全国一体化政务大数据体系建设指南》等政策，实现政务数据全流程整合共享，数据资源跨层级、跨地域流动。

截至 2025 年，我国政务数据共享需求满足率显著提升，全国政务大数据体系基本形成。数字政府是以数字化重构政府治理体系，核心是治理范式变革，主要覆盖政府履职全领域，包括经济调节、市场监管、社会管理、公共服务、生态治理等各个方面，强调决策智能化、监管穿透化和安全体系化。

当前，数字政府依托人工智能、区块链等技术深化决策科学化与服务精准化。2023 年《数字中国建设整体布局规划》提出，到 2025 年建成横向打通、纵向贯通的数字治理体系，政务数字化与数据要素市场化协同发展，形成"用数据决策、服务、创新"的现代化治理模式。国务院于 2022 年 6 月发布的《国务院关于加强数字政府建设的指导意见》明确提出，到 2025 年，我国将构建起数字化履职能力体系、安全保障体系、制度规则体系、数据资源体系、平台支撑体系等五大框架，显著提升政府治理效能和公共服务水平；到 2035 年，形成整体协同、敏捷高效、公平普惠的成熟数字政府体系，全面支撑社会主义现代化建设。这些文件的目标设定与全国一体化政务大数据体系、政务服务平台互联互通等重点工程相衔接，体现了中央对数字化转型驱动治理现代化的战略部署。

（二）主要特征表现

从商鞅"以法为教"的刚性治理到韩非子"因事为制"的权变思维，再到《礼记》描绘的"大道之行"政治理想，数字技术正赋予这些经典治理智慧以当代实践形态。基于 DeepSeek 部署的 70 个 AI 政务员处理 240 项服务事项的初步探索，印证了托夫勒在《第三次浪潮》中预言的"智能代理革命"。这昭示着政府与社会的关系图谱的重塑。基于区块链技术构建的"数字契约"正消解私人关系渗透公共服务的传统积弊，而海量格式化数据（覆盖自然人、法人、地理空间等）的算法解析，使"因人情、循势理"的治理哲学在算力支撑下具象化。

我国数字政府的核心特征可概括为"数据驱动、整体协同、智能高效、服务为民"，它具体表现为以下七大方面。一是数据资源化。政务数据实现跨层级、跨部门、跨地域共享共用，数据要素成为治理核心资产，形成政府治理的基石。二是业务协同化。通过破除部门壁垒，构建"一网通办""一网统管"的协同治理体系，促进政府整体运行模式的形成。三是服务智能化。运用AI、大数据驱动服务主动推送与个性化匹配的服务，实现民生问题的精准普惠。四是决策科学化。依托城市大脑、经济监测等平台实现动态感知与预测预警，数据赋能治理升级。五是流程重构化。通过"一件事一次办""秒批秒办"等模式重塑行政流程，实现数字驱动的制度创新。六是安全可信化。通过构建自主可控的安全防护体系，保障数据主权与隐私保护，筑牢韧性可控的治理底线。七是生态开放化。政府数据开放与社会协同创新深度融合，营造多元共治的发展格局。

数字政府要用强包容性构建"众智共治"的新模式，要使个人和企业在同政府打交道的过程中做到平等共享。数字技术的客观性正是这种模式形成的最有效载体。当前，我国政府掌握了社会大量高价值密度数据，包括自然人、法人、地理空间、宏观经济、医疗教育等各类格式化数据。这些数据的合理利用使政府决策由模糊、事后、应急式的决策向精准、实时、预防式决策转变，同时促进了政府组织形态、权力运行和社会互动方式的系统性优化组合，进一步提升履职决策和服务能力水平。

（三） 核心能力建设

数字政府建设已成为提升国家治理能力和公共服务水平的关键路径。《荀子·王制》有云：“政令时，则百姓一，贤良服。”这在当今时代可以解读为，政府通过数字化手段实现高效、透明的治理，能够更好地凝聚民心、服务民众。数字化领导力、数字化履职能力、公共数据开发利用能力、数字生态营造能力等核心能力，是提高政府的行政效率和服务质量、推动社会全面发展的关键能力。数字化转型需要领导层具备前瞻性的思维和创新的勇气。加强数字政府核心能力建设是数字时代政府完成数字化转型的必然路径。

1. 数字化领导力

数字化领导力是数字政府建设中的关键要素，它要求政府高层领导具备数字化思维和领导能力，能够引领和推动政府的数字化转型。在数字化时代，政府领导不仅需要掌握传统的管理技能，还需要具备对新技术的理解和应用能力，以便更好地指导和推动数字化工作。

首先，数字化思维是数字化领导力的核心。政府领导需要具备对数字化技术及其潜在影响的深刻理解。这意味着他们既要了解云计算、大数据、人工智能等技术的基本原理，也要能够预见这些技术如何改变政府的运作方式和服务模式。数字化思维还要求领导能够识别和利用数据的价值，通过数据分析来优化决策过程、提高政策的科学性和有效性。其次，培训和实践是提升数字化领导力的重要途径。政府可以通过组织定期的培训课程，帮助领导掌握最新的数字化技术和管理方法。这些培训课程可以涵盖技术知识、案例分析、实践经验分享等内容，帮助领导全面提升数字素养。此外，政府还可以通过实践项目，让领导在实际工作中应用数字化技术、积累经验。再次，战略规划和执行是数字化领导力的重要体现。政府领导需要制定明确的数字化战略，并确保其得到有效执行。这包括确定数字化转型的目标、制订详细的实施计划、分配必要的资源，并建立有效的监督机制。领导还应具备跨部门协调的能力，确保各部门在数字化转型过程中协同工作，避免信息孤岛和资源浪费。又次，创新和变革管理是数字化领导力的关键组成部分。政府领导通过鼓励和支持创新，为数字化转型创造良好的环境。这包括设立创新基金、建设创新平台、举办创新创业大赛等措施，激发全社会的创新活力。同时，领导还应具备变革管理的能力，能够引导和管理组织变革，确保数字化转型的顺利进行。变革管理包括沟通变革的重要性、培训员工掌握新技能、处理变革过程中的阻力等。最后，风险管理和安全保障也是数字化领导力的重要方面。政府领导要具备应对风险的意识，能够识别和管理数字化转型过程中的各种风险，包括技术风险、数据安全风险、隐私保护风险等。通过建立健全的风险管理体系，政府可以有效预防和应对潜在的风险。同时，重视网络安全，确保政府数据和信息的安全。

2. 数字化履职能力

数字化履职能力是数字政府建设的基础，它涵盖了政府在信息化、智能化方面的综合应用能力。首先，电子政务平台建设是履职能力延展的重要手段。通过构建高效、便捷的电子政务平台，政府可以实现一站式服务，减少民众办事的时间和成本，在提高政府的办事效率的同时，增强政府与民众之间的互动和沟通。其次，智能化服务是数字化履职的主要内容。政府可以利用人工智能、大数据等技术，支撑政务应用服务落点，如智能客服系统24小时不间断地为民众提供咨询服务、数据分析系统预测和解决潜在的社会问题等，不仅提高了政府的服务水平，还提升了民众的满意度和信任感。最后，网络安全保障能力是数字化履职的护城河。随着政府数据日益增多，网络安全问题也逐渐凸显。政府需要建立健全网络安全防护体系，保护重要数据和信息的安全。这不仅包括技术层面的防护，还包括法律法规的制定和执行，确保数据的合法合规使用。

3. 公共数据开发利用能力

公共数据开发利用能力是数字政府建设的重要组成部分，它涉及政府如何有效地收集、管理和利用公共数据，以提升治理效能和服务质量。该方面涵盖了数据全生命周期的使用和管理，并依据数据的固有特性无限延伸能力边界，是一项需要长期拥有并不断与时俱进的能力。一是数据采集整合。政府需要建立完善的数据采集机制，确保数据的全面性和准确性。通过各种渠道（如传感器、社交媒体、公共服务平台等）收集数据，并进行整合，形成统一的数据资源库。这不仅有助于政府全面了解社会状况，还能为决策提供有力支持。通过制定数据标准，保证数据质量的提升。二是数据开放共享。政府应积极推动数据开放与共享，让社会各界能够利用公共数据进行创新和研究。通过建立数据开放平台，政府可以向公众提供丰富的数据资源，促进数据的广泛应用。同时，政府还需要制定数据开放的规则体系，确保数据的安全和隐私保护。三是数据分析利用。利用大数据分析技术，政府可以对公共数据进行深入挖掘，发现其中的规律和趋势。通过数据分析，政府可以优化资源配置，提高公共服务的效率和质量。四是数据驱动决策。公共数据开发利用能力还要求政府实现数据驱动的决策。通过数据的分析和应用，政府可以更加科学地制定政策和规划，提高决策的精准性和有效性。

4. 数字生态营造能力

数字生态营造能力是指政府在推动数字经济和社会发展过程中，通过政策引导、基础设施建设、创新支持等手段，营造一个健康、可持续的数字生态环境。首先，政府需要制定一系列政策，引导和支持数字经济发展。通过出台优惠政策、提供资金支持、优化营商环境等措施，政府可以激发市场活力，促进数字经济快速发展。其次，数字生态的建设离不开完善的基础设施支持。政府需要加大投入，建设高速、稳定的信息网络，为国家治理现代化提供坚实的基础。同时，政府还需要推动云计算、大数据中心等基础设施的建设，为数据存储和处理提供强大的支撑。再次，政府需要鼓励和支持科技创新，为全社会数字化改革提供源源不断的动力。通过设立创新基金、建设创新平台、举办创新创业大赛等措施，政府可以激发全社会的创新活力。同时，政府还需要加强数字人才的培养和引进，为数字化的发展提供人才保障。通过培训和实践，提升公务员对数字技术的理解和应用能力。最后，需要国际视野和全球合作。政府需要加强与其他国家和地区的合作与交流。通过参与国际组织、签署合作协议、举办国际会议等措施，政府可以增强国际影响力，提升我国的国际竞争力。

二　数字政府的功能定位

数字化政务服务是政府数字化转型的重要内容之一。在实践中，数字化政务服务主要包括以下几个方面：一是政务服务在线化是数字化政务服务的基础。通过建立政务服务平台、移动政务 App 等方式，实现政务服务的在线申请、在线办理、在线查询等功能。政务服务在线化不仅提高了政务服务的效率和便捷性，也降低了政务服务的成本和门槛。二是政务服务智能化是数字化政务服务的关键。通过利用人工智能、大数据、区块链等新兴技术，实现政务服务的智能化推荐、智能化审批、智能化监管等功能。政务服务智能化既能提高政务服务的质量和效率，又能增强政务服务的安全性和可靠性。三是政务服务个性化是数字化政务服务的发展方向。通过建立用户画像、个性化推荐等方式，实现政务服务的个性化定制、个性化推送等功能。政务服务个性化不仅提高了政务服务的满意度和忠诚度，也增强了政务服务的竞争力和创新力。

在当前复杂多变的国内外环境下，政府面临着经济发展和社会治理的双重压力，处于一种中间态。这种中间态不仅要求政府在经济和社会治理中发挥关键作用，还要求政府在"五位一体"（经济建设、政治建设、文化建设、社会建设和生态文明建设）中进行统筹协调。通过制度与技术的有机结合，提升政府的治理能力和水平。

一方面，数字政府的基本模式是"制度＋技术＝治理"，体现了制度与技术的融合。制度的优越性与技术的先进性共同构成了治理的科学性。制度是最复杂的技术，它不仅规范了政府的行为，还为技术的应用提供了框架和保障。在数字政府建设中，制度的优越性体现在其能为技术的应用提供明确的指导和规范，确保技术的合理使用和有效实施。技术的先进性则体现在其能为政府提供高效、精准的工具，提升政府的决策能力和执行效率。两者的相互作用成为科学治理的有力保障，有助于提升政府的治理能力和水平。

另一方面，"整体政府＋整体智治＝现代政府＋未来政府"是数字政府建设的重要理念，表征着现代数字政府建设走向未来发展形态的基本路径。整体政府强调政府各部门之间的协同合作，打破传统的部门间组织结构上的阻隔，实现资源共享和信息互通。整体智治则强调通过智能化技术，实现政府治理的智能化、精准化和高效化。这种理念要求政府不仅要在组织结构上进行优化，还要在技术应用上进行创新，从而构建一个现代化、智能化的未来政府。

数字政府的建设是一个系统工程。正如《中庸》所言："致中和，天地位焉，万物育焉。"政府通过制度与技术的深度融合，实现治理的科学性和高效性，有利于达到国家治理的和谐与稳定。

三　数字政府谱写中国之治

城市作为人类文明最复杂的治理场景，始终离不开"人"与"秩序"的相互作用。从商周时期"筑城以卫君，造郭以守民"的防御体系，到宋代《清明上河图》描绘的市井繁华，城市始终是制度文明与技术文明交织的试验场。莎士比亚"城市即人"的论断，在数字时代被赋予新内涵——中国政府将数字化转型升华为"以人民为中心"的治理哲学，既承继了"民惟邦本"的传统政治智慧，又开创了具有中国特色的数字治理新范式。

（一）思维破壁

尽管数字政府建设的理念和目标已经明确，但在实际推进过程中，仍面临诸多挑战。例如，政府在适应数字时代的能力上存在不足，对数字技术的认识不够深入，导致转型不彻底。一些地方打着建造"数据中心"的名义，实际上建的是"物理机房"，造成了资源的浪费。这种现象反映了工业思维下的产能过剩，缺乏对数字技术的深刻理解和应用。

数字政府转型需要进行思维破壁，尤其是破除本位思想。政府的角色应从"包办者"转变为"引导者"和"服务者"。传统的政府治理模式往往倾向于包办一切，过度干预市场和产业。这种模式在一定程度上限制了市场活力和企业创新。在数字时代，政府需要突破这种思维，遵循市场规律和产业规律，充分发挥市场主体的决定性作用，以制度创新为数字技术应用提供明确的规范和指导。通过制定合理的政策和提供良好的环境，激发市场的创新活力。

政府应该是经济发展和社会治理的环境营造者，需要顺应数字时代，确立用户中心、数据驱动、协同治理、安全可控和开放共享等基本理念。在这些理念的指导下，中国可以更好地推进政府的数字化转型，提升国家治理体系和治理能力现代化水平。一是以用户需求为导向，将公众和企业的满意度作为衡量政府服务的重要标准。通过建立用户画像、个性化服务推荐等手段，提供更加精准、便捷的服务。二是以数据为基础，通过数据分析和挖掘，提升决策的科学性和精准性。建立统一的数据平台，实现数据的互联互通。通过数据共享和分析，优化资源配置，提升公共服务效率。三是实现跨部门、跨层级的协同治理。通过数字化手段实现信息共享和协同工作。四是在推进数字化转型的同时，注重数据安全和隐私保护，确保技术应用的安全可控。建立健全数据安全防护体系，制定相关的法律法规，尤其是建立监管机制，确保数据的合法合规和有效利用。五是推动数据开放和共享，促进数据的广泛应用。通过建立数据开放平台，向公众提供丰富的数据资源，促进数据的广泛应用。

（二）组织结构与运行机制破题

中国的国家组织结构和运作机制具有独特的优势。政府在国家治理中发挥着核心作用，但同时也需要与市场和社会形成良好的互动关系。政府应通过优化组织结构，打破传统的部门壁垒，实现资源共享和信息互通。同时，政府还需要加强与地方的衔接，实现央地之间的有效合作，避免数据孤岛和信息不对称的问题，提升政府的整体治理能力。

数据孤岛是数字政府建设中的一大难题。这个问题的形成主要是因为垂直业务系统、央地衔接、自下而上的数据汇集等体制机制上的不完善，导致数据难以实现有效共享和利用。政府需要通过建立统一的数据平台和标准，权衡各方的数据权益，用技术手段赋能责任分配机制、利益平衡机制、权利管理机制等方面的形成。

此外，要基于"文化大同"的理念均等化开展政务服务。中国有着深厚的文化底蕴和独特的社群属性。政府在推进数字政府建设时，需要因地制宜地充分考虑不同的文化因素。通过建立互动平台、开展公众咨询、意见征集等方式，加强与公众的沟通和互动、提高公众参与度。通过更好地了解公众需求，提高政策的针对性和有效性。同时，政府还需要提升公众对数字技术的理解和应用能力。通过文化认同推进政府数字化转型和组织结构变革，保障数字政府的平稳高效运行。

（三）数字治理生态破局

数字政府与数字治理、产业数字化与数字产业化是数字政府建设的一体两翼。数字政府通过引入先进的数字技术，提升政府的决策能力和执行效率，实现政府治理的智能化、精准化和高效化。数字治理则强调通过数字化手段，实现社会治理的现代化和智能化。产业数字化和数字产业化则是推动经济发展的两个重要方面，通过数字化技术，提升传统产业的竞争力，同时培育新的数字经济产业。

政府作为整个社会发展的"服务者""看门人"，要积极引导形成"两造"和"三有"的新发展格局。其中，"两造"指的是政府造环境，企业造财富。政府通过制定合理的政策和提供良好的环境，为企业创造良好的发展条件。企业则通过创新和创业，创造财富，推动经济发展。"三有"指的是政府有为、市场有效、社会有温度。政府通过制度创新和技术应用，提升治理能力和水平，实现政府有为。市场通过充分发挥市场主体的决定性作用，实现市场有效。社会通过加强公众参与和互动，提升社会的温度和凝聚力。

在这个过程中，政府需要通过简政放权，给企业松绑，让更多的企业走上创新之路。通过减少行政审批事项，简化办事流程，降低企业成本，激发企业的创新活力。同时，政府还需要加强知识产权保护，为企业创新提供良好的法律环境。通过这些措施，政府可以更好地激发市场活力，推动经济的持续健康发展。

政府数字化转型是时代发展的大势所趋。当前，中国数字政府建设已经进入新阶段。在新阶段，中国数字政府建设将更加注重以人民为中心的发展思想，更加注重数据的整合利用、创新引领和协同治理，为实现国家治理体系和治理能力现代化提供有力支撑。

第七章 社会治理数智化

社会治理，一直以来都是国家发展和稳定的重要基石。随着科技的飞速发展，社会治理也迎来了全新的数智化变革。数智化的社会治理，不仅仅是技术的应用，更是一种理念的创新和方法的升级，它对提升治理效能、增进民生福祉意义重大。

一 从"能治"到"善治"

随着全球化、信息化和城市化进程的加速，社会结构和利益格局发生了深刻变化，环境污染、公共安全等问题频发，对政府的治理能力提出了更高的要求，传统治理模式难以应对日益复杂的社会问题。信息技术的发展为社会治理提供了新的工具和手段，为实现更加高效、透明和参与式的治理创造了条件。

在传统的社会治理模式中，往往强调的是"能治"，即能够对社会问题进行有效的管控和解决。然而，随着社会的不断发展和进步，人们对社会治理的要求也越来越高，仅仅做到"能治"已经远远不够。数智化的社会治理，为我们提供了从"能治"到"善治"的可能。

从"能治"到"善治"的转变是社会治理模式的一种适应性升级。这对于提升政府治理效能、增强社会凝聚力、促进社会公平正义具有积极的促进作用。学术上，这一转变涉及政治学、社会学、管理学等多个学科领域，具有重要的理论价值和实践意义。通过深入研究，可以为社会治理的理论创新和实践探索提供新的思路和方法。

"能治"是指政府或社会组织在社会治理中具备基本的治理能力和手段，能够维持社会秩序、提供公共服务、应对突发事件等。其基本特征包括：一是权威性，指政府或社会组织在社会治理中具有合法性和指导力。二是效率性，指能够高效地执行政策和提供服务。三是稳定性，指能够维护社会秩序，确保社会的平稳运行。实现"能治"的手段主要包括法律制度、行政管理和资源配置等传统方式，即通过建立健全的法律体系，确保治理行为有法可依；通过有效的行政管理手段，确保政策的落实和执行；通过合理配置资源，确保公共服务的有效供给。

"善治"是指在社会治理中，政府或社会组织不仅具备基本的治理能力，还能够实现公平、透明、参与和可持续的治理目标。其核心要素包括：一是公平性，指确保社会资源的公平分配，维护社会公平正义。二是透明性，指政府行为和决策过程公开透明，接受社会监督。三是参与性，指鼓励公众参与社会治理，增强社会的凝聚力和认同感。四是可持续性，指注重长远发展，实现经济、社会和环境的可持续发展。"善治"要实现的目标是提高治理效能、增强社会信任和促进社会和谐，即通过优化治理结构和机制，提高治理效能；通过透明和参与式的治理，增强公众对政府的信任；通过公平和可持续的治理，促进社会的和谐稳定。

与"能治"相比较,"善治"意味着更加高效、更加公平、更加可持续的社会治理。治理主题方面,追求社会秩序和公共服务,强调政府、市场和社会组织等多主体参与,而不仅是政府一方的主导。治理手段方面,除了法律制度和行政管理外,倡导公众参与和社会监督。治理效果方面,不仅关注治理的效率和稳定性,还关注治理的公平性和可持续性。

数智化技术的应用,赋能社会治理,推动数字化转型进程。通过精准地了解社会问题的本质和根源,制定出更加科学、合理的治理方案。同时,数智化的社会治理也可以让公众更加广泛地参与到社会治理中来。基于互联网、移动终端等渠道,公众可以随时随地了解社会治理的进展情况,提出自己的意见和建议。政府可以通过这些渠道,及时了解公众的诉求,从而更好地为公众服务。正是数智化技术的桥梁和纽带作用,让社会治理变得更便捷、更亲民、更普惠。

二　数字时代治理理念与方法的淬炼

数字时代的到来,给社会治理带来了全新的理念和方法。数字治理从"我"到"我们"的转变,从"一元"向"多元"的变迁,形成了协同共治、多元参与一盘棋格局。

治理就是要找到最佳方式,以实现社会效益的最大化、产生积极的社会效应。最优的治理方案一直是我们研究和寻找的目标。首先需要从理念上进行突破,实现认知升维。举例来讲,如果我们假设治理的需求和目标为两个点,如果在二维平面上,那么从一个点到另一个点必须经过一条线的距离,但如果在三维空间里,我们只需要将平面对折，就能让两个点完全重合，实现零距离触达。这就类似于宇宙虫洞的原理，治理亦是如此。

（一）数字时代治理的核心理念

以人为本是数字治理的核心原则，这一原则强调服务优化和公民权益保障，贯穿于数字治理的各个环节。在推动数字治理的过程中，我国政府始终坚持以人民为中心的发展思想，确保公民在数字时代的权益得到充分保障。在实现这一核心原则的道路上，数字治理理念也逐步发生改变，以增进人民的福祉为落脚点，政策路线最大限度地向这条主线靠拢。

1. 从单向管理到多主体协同治理

传统治理模式中，政府是唯一的决策者和执行者，而在数字时代，政府、企业、社会组织和公民共同参与治理过程，形成了一个多元、互动、协同的治理网络。

首先，政府的角色从单一的管理者转变为协调者和推动者。政府通过搭建平台、制定规则、提供资源，促进各主体之间的合作。不仅整合了政府各部门的服务，还引入了企业和社会组织的参与，形成了一个高效、便捷的服务体系。这种协同治理模式不仅提高了公共服务的效率，也提升了公民的满意度和获得感。

其次，企业和社会组织在数字治理中发挥了重要作用。企业通过技术创新和服务优化，为政府提供了强大的技术支持。科技企业与政府合作，开发了一系列数字化治理解决方案。社会组织则通过参与社会治理，增强了治理的包容性和多样性。通过社会信用体系建设，鼓励公民和企业参与社会治理，在提高了治理的透明度的同时，也增强了公众对治理过程的信任，强化了治理的开放性和有效性。

最后，公民的参与是多主体协同治理的重要组成部分。数字技术为公民提供了更多参与治理的渠道。通过移动应用、社交媒体等平台，公民可以方便地反馈意见、参与决策。政府通过大数据分析，能够更好地了解公民的需求和期望，从而制定更加精准、有效的政策。这种以公民为中心的治理模式，提高了治理的民主化程度，增强了公民的归属感和责任感。

2. 从经验驱动决策到数据驱动决策

在数字时代，大数据和人工智能技术的应用使得决策过程更加科学、高效，推动了治理体系的现代化。

首先，大数据技术为决策提供了丰富的数据支持。通过收集和分析海量数据，政府可以更全面、准确地了解社会经济运行的状况。其次，人工智能技术的应用使得决策过程更加智能化。人工智能可以通过机器学习、深度学习等技术，对大量数据进行分析和预测，从而为决策提供更加科学的依据。再次，数据驱动决策还提高了政策的透明度和公信力。通过公开数据和分析结果，政府可以向公众展示决策的依据和过程，增强公众对政府的信任。最后，数据驱动决策还推动了政策的迭代和优化。通过实时监测和反馈，政府可以及时调整政策，确保政策的有效性和适应性。这种灵活的决策机制，使得政府能够更好地应对复杂多变的社会经济环境。

从经验驱动决策到数据驱动决策的转变，提高了决策的科学性和精准性。大数据和人工智能技术的应用，为政府提供了强大的决策支持，推动了治理体系的现代化。

3. 从封闭式管理到开放式创新

在数字时代，治理模式从封闭式管理转向开放式创新，促进了治理成果的普惠共享。传统治理模式中，政府的决策过程往往是封闭的，而在数字时代，开放数据、开源技术和众包模式的应用，使得治理过程全链可见。

首先，开放数据是推动治理透明化的重要手段。政府通过公开数据，使得公众可以获取和使用政府数据，从而可以更好地了解政府的决策过程和治理效果。其次，开源技术使得政府可以利用全球的技术资源，其应用促进了治理过程的创新。最后，众包模式的应用使得公众可以更广泛地参与治理过程。众包模式通过互联网平台，吸引公众参与治理项目的规划、设计和实施。

无论治理理念如何改变，共治共享始终是数字治理的终极目标。通过治理创新，政府、企业、社会组织和公民共同参与治理过程，更有效地整合各方资源，实现治理成果能够普惠共享的目标。

（二）我国的数字治理与西方数字治理的比较

数字治理已经成为衡量国家治理现代化的重要标尺。我国与西方国家在这一领域的理论与实践各具特色，比较分析不仅能够揭示各自的优势与不足，也可为全球数字治理的交流与合作提供宝贵视角；探讨中西方在数字治理的理论体系、概念范畴及方法工具上的差异，有助于我国思考在数字治理实践中的短板与提升空间，具有重要的学术价值和现实意义。

1. 西方典型数字治理模式

一方面，是以自由市场与数字霸权为导向的美国数字治理模式。在数字经济总量上，美国长期居世界首位。2022 年，美国数字经济规模达 15.3 万亿美元，数字经济占 GDP 的比重为 64.9%,① 在数字企业全球竞争力、数字技术研发实力等领域遥遥领先。美国数字治理的核心是数字市场的自由开放，强调数据自由流动，反对各种形式的贸易壁垒，在数据跨境流动、数据存储本地化、源代码开放、市场准入、数字内容审查、数字知识产权、政府数据开放等关键议题上有鲜明主张。在国内数字治理方面，美国主张数字市场自由流动，强烈呼吁政府松绑对数字市场的监管，鼓励数字市场和企业的自由创新。在全球数字治理方面，美国就跨境数据开放问题同多个国家和区域联合体展开外交磋商，以此寻求数字经济利益最大化。同时，美国强调数字技术"美国优先"，面对中国等发展中国家数字技术的迅速崛起，美国试图联合他国组成"科技民主联盟"，对中国等国家的数字技术产品以加征关税、纳入出口管制实体清单等方式进行制裁。美国还凭借其技术优势和政治强权对发展中国家"数字国土"加以渗透，威胁他国的数字主权与数字安全，领先世界的数字技术支撑起美国全球数字霸权的野心。

另一方面，是以规则先行与数字独立为导向的欧盟数字治理模式。欧盟虽然在数字技术创新、数字平台企业发展和数字经济增长速度等方面与中美两国存在一定差距，但特定领域形成了独特的差异化优势。一是欧盟在数字治理规则制定上颇有建树。基于理性选择制度主义的传统，欧洲人普遍认为制度提供了一套塑造人际关系的正式规则和程序或者非正式的实践模式，因而欧盟注重规则的制定。在数字治理方面，欧盟对数字经济市场规范和

① 中国信息通信研究院. 全球数字经济白皮书（2023 年）［R］. 北京：中国信通院，2023：25-27.

竞争监管给予极大重视，实施了一系列严格的监管措施，以确保维持数字市场公平公正的竞争环境。同时，欧盟颁布《一般通用数据保护条例》（GDPR），在个人数据保护、平台垄断、人工智能伦理问题等方面持续推进立法，形成系统而完备的数字治理规则体系。二是欧盟主张建立欧洲单一市场，重视数字主权与数字独立。构建统一的数字治理框架，为规避各个分散的主权国家影响欧盟总体数字经济发展，致力于打破成员国间的地域和制度边界，全面加速数据流通共享，以促进形成服务欧盟共同体的单一市场，实现欧盟整体数字化发展的长期目标。从数字单一市场战略到欧盟数据战略与《数据治理法》的确立，欧盟正不断兑现其数字独立的愿望，以务实的态度、采取灵活处理方式应对国际数字贸易与数字治理，从这也可窥见欧盟在全球数字治理政策上的务实性与多边主义态度。

2. 我国数字治理模式与西方数字治理模式的维度差异性

第一，中国数字治理在范畴和概念上具有独具特色的话语体系。在中国，治理的内涵是在语言学层面和在行政管理学层面逐步发展起来的，在西方则是随新自由主义的发展而产生的副产品。中国数字治理与党的执政有机结合在了一起，摆脱了西方国家的单一行政话语体系，涵盖了以人为本、科学执政、强化建设、注重统筹等多种特征，形成了一体化的中国数字治理话语体系，同时也彰显了中国共产党"立党为公、执政为民"执政理念。

第二，中国和西方国家数字治理内在逻辑存在根本性区别。从治理的内在逻辑和范围来看，中国的数字治理更加体现出方法论的优越性。中国的数字治理是随着国家治理体系和治理能力现代化而不断发展的，是基于马克思主义历史唯物辩证法、马克思主义系统论和社会有机体理论的，其内在逻辑遵循社会发展规律，始终坚持以人民为中心，开展综合性治理。而西方新自由主义政策则是放纵资本主义国家采取无底线的经济政策，资本持续大量收割社会财富，政府的职能范围不断缩小，其数字治理也未能真正跨越阶级和阶层的沟壑、实现国家能力的实际提升，放任社会问题的存在，造成部分行政机构的行政能力与数字治理实际需求的脱节。

第三，中国和西方国家数字治理的目标也存在根本区别。中国长期处于社会主义初级阶段这一最大国情决定了当前中国数字治理和国家能力建设的基本任务，中国数字治理建设的任务同西方是完全不同的。不同的中西方制度，赋予数字治理以不同的使命和属性。在社会主义国家，治理是为了解放生产力、发展生产力，最终愿景是实现人的全面自由发展。

3. 我国数字治理模式与西方数字治理模式的层次差异性

（1）理论体系层次

在数字化时代，数字治理理论体系成为国家治理能力的重要体现。我国与西方国家在理论构建、政策导向及战略规划方面各有侧重，这反映了不同的政治经济基础，指向了各自在数字治理实践中的特定需求和挑战。

一是理论构建，即自主性与借鉴的差异。我国在数字治理理论构建上，坚持自主知识体系的构建，强调符合国情的治理模式，体现了中国特色社会主义政治经济学的指导原则。相比之下，西方数字治理理论多基于自由市场经济和个人主义价值观，强调技术自主发展与市场调节。我国在理论构建上需进一步强化国际对话，以提升理论的全球影响力和普适性。

二是政策导向，即统筹兼顾与侧重的差异。在政策指导思想上，我国数字治理注重统筹发展与安全，平衡效率与公平，体现了全面深化改革的战略布局。西方国家则侧重于创新驱动和个体权益保护，其政策指导思想往往围绕促进市场竞争和技术自由发展。我国需在保持政策连贯性的同时，加强对新兴技术治理的灵活性和适应性。

三是战略规划，即长远布局与快速响应。我国在数字治理战略规划上，展现了长远的视野和阶段性的适应能力，如"互联网+"行动计划和国家大数据战略。西方的战略规划则更强调技术领先和跨界融合，如欧盟的数字单一市场战略。我国在战略规划上需进一步强化前瞻性，同时在实施过程中提高对技术革新的响应速度和调整能力。

我国与西方在数字治理理论体系上的差异，既是各自历史、文化和政治经济背景的反映，也是各自面对数字化挑战的不同应对策略。我国在数字治理的发展中，既要坚持自身的理论特色和优势，也需学习借鉴西方在理论创新、政策灵活性和战略前瞻性方面的经验，以促进数字治理体系的不断完善和发展。

（2）概念内涵层面

在数字化转型的浪潮中，我国在数字治理的概念范畴理解上与西方国家存在不同，既体现了不同的治理理念，又表征出各自在概念理解和应用上的局限。

一是从内涵与外延辨析概念界定。我国数字治理的概念界定深受国家治理体系和治理能力现代化的影响，强调数字技术与国家治理的深度融合。西方则倾向于从技术自主性和市场驱动性角度界定数字治理。两者在概念理解上皆需要进一步拓展外延，以适应全球化背景下数字治理的多样性和复杂性。

二是从领域与层次区分范畴划分。在范畴划分上，我国数字治理强调顶层设计与整体布局，注重从宏观层面推动数字政府、数字经济和数字社会建设。西方国家则更侧重于特定领域和具体问题，如数据隐私保护、网络安全等。我国在范畴划分上需进一步细化，西方国家则需要加强统筹归纳，以实现治理从宏观到微观的有效衔接。

三是从核心与支撑厘清关键要素。我国数字治理的关键要素包括技术、制度、人才和文化等，体现了全面深化改革的战略布局。西方则更强调技术创新、市场竞争和法律规制等要素。两者在关键要素的应用上需进一步强化吸纳融合，以促进各要素在数字治理实践中的有机结合和相互支持。

通过对中国与西方在数字治理概念范畴上的比较分析，我们可以看到，我国在概念理解和应用上虽有局限，但也具有独特的优势和潜力。未来，我国需在坚持自身特色的基础上，进一步吸收借鉴西方的先进理念和实践经验，以推动数字治理概念范畴的深化和发展。

（3）方法工具层面

在数字治理的学术探讨与实践探索中，方法工具的科学性与先进性至关重要。我国与西方国家在技术应用、工具开发和方法论创新方面各展所长，亦各有短板。

一是技术应用体现在创新驱动与融合应用方面。我国在数字治理的技术应用上，展现出强烈的创新驱动力，尤其在5G、大数据、云计算等领域取得了显著成就。然而，与西方相比，我国在技术深度融合与跨界应用方面仍存在差距。西方在技术应用上注重创新与实践的结合，强调技术在社会治理中的多元化应用。我国需加强技术与治理实践的深度融合，提升技术应用的广度与深度。

二是工具开发体现在自主研发与国际合作方面。在工具开发方面，我国致力于构建符合国情的数字治理工具体系。西方国家在工具开发上展现出较强的国际合作性，通过跨国公司和研究机构的合作，推动数字治理工具的创新与普及。我国在工具开发上需进一步强化国际视野，通过国际合作提升工具的先进性和适用性。

三是方法论创新体现在本土实践与全球视野方面。我国在数字治理的方法论创新上，坚持从本土实践出发，探索符合中国特色的治理模式。西方的方法论创新强调全球视野和普遍价值，注重方法论的普适性和可移植性。我国在方法论创新上需进一步拓宽视野，注重本土化与国际化的有机结合。

通过对我国与西方在数字治理方法工具上的比较分析，我们认识到我国在技术应用、工具开发和方法论创新方面仍有短板，需充分发挥独特的优势，激发数字化赋能治理的潜力。展望未来，我国应继续加强技术创新，深化国际合作，推动方法论的本土化与国际化相结合，以实现数字治理能力的全面提升。

（三）数字治理方法的技术支撑与实践路径

在我国战略中，数字治理已然成为发展的新引擎，与数字中国建设同根连枝，是推进中国式现代化建设的重要内容。未来，数字治理应坚持改革引领，把握数字治理的温度、尺度、效度、信度和广度，助力数字治理效能的深化、内化和转化，在公平普惠、规范协同、技术赋能、风险治理、大国合作等方面重点推进、提质增效，探索出符合当前时代格局、国际形势和中国国情的中国式数字治理体系，以回答时代之问。

1. 温度为基：以人民为中心，建设"公平惠及、人人享有"的数字治理共同体

全面、切实、有效提升公共服务的数字化、智能化和大众化水平，更好地满足人民群众多样化、个性化的需求，进一步提升公共服务的质量和效率，是实现以人民为中心的数字治理发展目标的重要环节。未来，需在以下领域持续发力。

以数字治理建设全面助力公共服务数字化，让服务泛在可及。政府宜积极推动政务信息化建设，建立起涵盖各领域、各层级的数字化信息系统，实现政务数据的统一管理和共享。此外，政府通过建设智能化的公共服务平台，提供在线预约、网上办事、数字支付等便民服务，让公众随时随地都能享受到政府服务的便利。

以数字治理建设全面助力公共服务智能化，让服务智慧便捷。各相关部门应引入人工智能、大数据分析等先进技术，提升公共服务的智能化水平。例如，利用人工智能技术实现智能客服和智能推荐，根据用户需求智能匹配最优解决方案，提高服务的个性化水平和精准度。同时，利用智能监管系统，实现对公共服务质量和效率的实时监控和调整，提高服务的响应速度和质量。

以数字治理建设全面助力公共服务大众化，让服务公平普惠。通过引入人工智能、大数据分析等先进技术，提升公共服务的智能化水平。例如，利用人工智能技术实现智能客服和智能推荐，根据用户需求智能匹配最优解决方案，提高服务的个性化水平和精准度。同时，建议以建立智能监管系统为抓手，实现对公共服务质量和效率的实时监控和调整，提高服务的响应速度和质量。

2. 尺度为舵：坚持系统观念，以标准化协同助推数字治理规范化、一体化建设

强化系统观念，完善标准规范，加强全国数字治理一体化顶层设计是推动数字治理发展的重要举措。为此，可从以下几个方面进行纵深推进，着力构建贯通一体、协同联动、整体智治的数字治理新体系。

构建数字治理跨层级统筹管理建设联动机制。数字治理跨层级统筹管理机制的建立涉及中央、地方政府以及各级相关部门的合作和协调。具体而言，需要制定明确的政策和规范，明确各级政府在数字治理建设中的职责和任务。同时，明确跨层级的数字治理利益相关方权责，协商解决各级政府与不同利益相关方之间的合作与协调问题，推动数字治理项目的统一规划和协同推进。

探索数字治理跨地域标准化集约化共享模式。数字治理跨地域标准化集约化共享模式的探索需要政府制定统一的数据标准和信息交换机制，促进各地数字治理系统的互联互通。具体来说，可以建立统一的数据格式和交换协议，推动各地政府信息系统的无障碍交互。同时，要加强对数字治理标准化建设的指导和支持，鼓励各地政府共享标准化的信息资源，提高政务服务的覆盖率和效率。

开展数字治理跨部门整体化一体化协同建设。数字治理跨部门整体化一体化协同建设需要政府加强对各部门之间的合作和信息共享。具体而言，可以建立跨部门的数据共享平台和业务协同机制，实现政务信息的众创众享和系统整合。同时，政府可以加强对各部门数字治理建设的统一规划和管理，推动各部门间的业务贯通和信息交流，提高政府工作的执行效能和服务水平。

3. 效度为舟：加强技术赋能，充分挖掘人工智能与大模型等新技术的潜能、价值

未来，数字治理发展应继续加强技术赋能，充分挖掘大数据、人工智能等新技术的潜能和价值，推动数字治理高质量发展，更好地服务于国家发展战略和人民群众的需求，实现以技术赋能的数字治理建设目标。

以技术赋能创新数字治理管理机制，建立纵向联动、横向协同、统筹分工、多方参与的数字治理创新机制。各部门借助先进技术引入新型治理理念，推动政府职能转变，实现政务管理的创新和升级，为数字治理的持续发展提供有力保障。

以技术赋能夯实数字治理基础底座，高质量建设数字治理支撑体系，发挥大数据、人工智能重要引擎作用。政府应加强对数字治理基础设施的建设和维护，提升网络安全水平，保障数字治理系统的稳定运行。同时，应积极推动大数据、人工智能等前沿技术的应用，利用数据挖掘、智能分析等手段，提升政务决策的科学性和准确性，为政府决策提供更有力的支持。

以技术赋能激发新质生产力潜能价值，以服务大国战略与时代发展，回应现实需要、社会需求与民生关切。各治理主体推动数字经济、智能制造等新兴产业发展，促进经济结构转型升级。同时，应支持科技创新和创业创新，鼓励企业加大技术研发投入，增强自主创新能力，推动经济持续健康发展。此外，加强对社会民生事务的管理和服务，提升治理和服务水平，满足人民群众的多样化需求，促进社会和谐稳定发展。

4. 信度为帆：夯实风险治理基础，筑牢基于全生命周期的数字治理安全支撑与屏障

安全保障与风险治理是数字治理建设的底线，要坚持统筹推进发展和安全，加快构建数字治理全方位安全保障体系。面对风险挑战，未来我们应从制定完善的数字治理安全法律法规、建立健全的数字治理安全管理体系、强化巩固数字技术网络安全保护展开探索。

制定完善的数字治理安全法律法规，实现政策层的安全保障立体化。一方面，应建立健全相关的法律法规体系，明确数字治理安全的基本要求和责任分工，确保政府部门和相关机构在数字治理建设和运行过程中能够依法履职尽责。另一方面，应加强对相关工作人员和从业人员的安全意识教育和培训，提升其对数字治理安全的认识和应对能力，减少安全漏洞和风险的发生。

建立健全的数字治理安全管理体系，包括安全策略与规划、安全标准与规范、安全技术与措施、安全监测与评估等方面，确保安全管理工作科学规范、有序进行，实现管理层的安全统筹科学化。此外，应建立健全的安全监测和应急响应机制，及时发现和处置安全事件和漏洞，减少安全事故的损失和影响，保障数字治理系统的安全稳定运行。

强化巩固数字技术网络安全保护，实现技术层的安全防护精准化。一方面，应着力加强对数字治理系统的网络安全保护，包括建立健全的网络安全防护体系、加强网络边界防护、提升网络入侵检测和应急响应能力等，有效防范网络攻击和数据泄露等风险。另一方面，重视加大对安全技术研发和创新的支持力度，不断提升安全技术水平，包括加密技术、身份认证技术、网络安全技术等，确保数字

治理系统的安全性达到国际领先水平。

5. *广度如海：深化国际合作，打造具有中国特色与核心竞争力的数字治理体系*

通过加强与其他国家和国际组织在数字治理领域的交流与合作，共同探讨数字治理发展的理念、政策、标准和技术，借鉴国际先进经验，推动我国数字治理体系的优化与创新。组织或参与国际性的数字治理交流会议、展览和论坛，展示我国数字治理的成就和经验，促进共同发展。与其他国家和地区共同研究和开发具有前瞻性和颠覆性的技术，推动数字治理体系的变革与升级。

参与国际数字治理标准制定，构建国际合作发展平台。一是积极参与国际标准制定和规范体系建设，推动我国数字治理标准与国际接轨，提升我国数字治理体系的国际竞争力和影响力。二是建立数字治理国际合作平台，为各国政府、企业和机构提供交流、合作和共享资源的渠道，推动数字治理领域的国际合作与交流。三是加强与国际组织和机构的合作，如联合国、世界银行、亚洲开发银行等，共同推进数字治理领域的国际合作项目和倡议，促进全球数字治理发展的互鉴共荣。

展现大国担当，推动数字丝绸之路建设。一是通过举办国际会议、展览和论坛等活动，向世界展示中国在数字治理领域的成就和经验，增强国际社会对中国数字治理建设的认知和信心。二是加强对发展中国家的援助，提供技术援助和人才培训，帮助其建立健全的数字治理体系，共同推动数字化发展。三是积极参与全球治理倡议，加强与丝路沿线国家在数字治理领域的深度协作，促进信息共享、互联互通和数字经济发展。

三　数字治理的社会效益分析

数字治理社会效益体现在公共服务效能提升、社会公平促进、治理韧性增强和公民参与深化四大维度。一是破解"最后一公里"难题。数字治理通过技术下沉显著提升了公共服务覆盖率与精准度。通过数智化技术的应用，我们可以实现对社会问题的快速响应和精准治理，从而提高社会治理的质效。二是促进社会公平正义。数字治理通过技术包容性设计推动社会资源再分配；通过大数据分析，我们可以了解到社会弱势群体的心声，从而有针对性地进行帮扶和救助；通过互联网、移动终端等渠道，公众可以更加方便地获取政府的公共服务，从而促进社会公正。三是推动社会的可持续发展。在数字治理背景下通过对资源的优化配置和对环境的监测治理，我们可以实现经济、社会和环境的协调发展；通过智能感知网络提升社会风险预警能力，从而保障发展环境安全。四是激活社会治理共同体。数字技术通过开放平台构建共治共享新生态，公民参与正在突破传统治理框架下的被动性与局限性，逐步构建起"人人有责、人人尽责、人人享有"的社会治理共同体。

社会治理数智化是时代发展的必然趋势。我们应该积极拥抱数字时代，不断创新和改进社会治理的理念和方法，推动社会治理从"能治"向"善治"转变，实现数字治理的社会蝶变效应。中国在这一进程中展现出特色和优势，为全球社会治理提供了宝贵的中国方案。中国在数字治理方面的独特之处在于其全面性和系统性。通过顶层设计，将数字治理纳入国家发展战略，形成了从中央到地方的多层次、多维度的治理体系。这种系统性的推进，确保了数字治理的全面覆盖和高效实施。中国政府高度重视技术与人文的结合，在推动技术赋能的同时，始终坚持以人民为中心的发展思想，关注数字鸿沟问题，通过适老化改造、数字素养培训等措施，确保技术普惠。以人为本的理念，使得数字治理更具社会的包容性和公平性，社会效益成果显著。这些创新实践为全球治理提供了典型的宝贵经验。

在全球治理中，中国积极参与并推动数字治理的国际合作，分享其数字治理的经验和技术，帮助发展中国家提升治理能力。持续的全球性的参与，增强了中国在全球治理中的影响力和话语权，为构建人类命运共同体贡献了中国智慧和中国力量，展现了中国在全球治理中的关键性作用。

第八章　拥抱数字未来，开启
人类文明新纪元

数字适应，绝非一时的权宜之计，而是一场贯穿时代发展进程的深刻变革，其重要性不言而喻。在个体层面，它是我们开启便捷生活之门的钥匙，让我们能够在数字世界中畅享购物之便捷、社交之多元、娱乐之丰富。同时，它更是我们在就业竞争中脱颖而出的制胜法宝，为我们开拓全新的职业发展路径。在组织层面，数字适应是组织在激烈市场环境中顺利突围并持续保持领先地位的核心竞争力。它推动着组织优化结构，驱动组织创新发展，使其能够更加灵活、高效、从容地应对未知的变化；它催生新的商业模式和管理模式，为组织创造更大的价值。在国家治理层面，数字适应是实现国家治理体系和治理能力现代化的必由之路。它助力政府提升政务服务、履职决策、数字治理的效率，为科学、精准治理提供坚实的数据支撑。

一　数字改革的"道"

对客观事物发展的现象表征进行规律性的系统归纳谓之"道"，

它承载着深厚且独特的意蕴。"道"被视为创生万物的终极根源，无形无相却蕴含无限可能性，是一种超越时空且长期适用的思想理念、方法路径。"道"体现为阴阳转化、四季循环等自然法则，"上善若水""为而不争"等顺应事物内在趋势的智慧。当代复杂科学发现，从蚂蚁群体的分布式决策到互联网的幂律分布，处处显现"道法自然"的现代性，是简单规则下的自发演化。理解道，本质上是在不确定世界中寻找"涌现秩序"的智慧。

数字改革的"道"，在于大道至简、以简驭繁。改革的本质，是顺应时代发展的潮流，以最简洁、最直接的方式解决复杂问题，推动社会进步。从古至今，人类文明的延续与文化传承，始终伴随着不断的变革与创新。每一次技术的飞跃，每一次思想的突破，都是对旧有体制的挑战与超越。数字改革也不例外，它通过简化流程、优化资源配置，使信息传递更加高效，使社会运行更加透明。这种简化并非简单的削减，而是在深刻理解事物本质的基础上，提炼出最核心、最有效的部分。正如古代先贤的治理智慧一样，真正的智慧往往蕴含在最朴素的道理之中。数字改革正是通过这种方式推动社会向着更好地传承和延续人类文明精髓的方向发展。

数字改革的"道"秉承公众是成果的评判者的指导理念，具体来讲就是以公众对数字产品和服务的使用体验作为优化和创新的动力源泉。在执行落地的过程中，数字改革通过用户反馈、数据分析和持续迭代，实现功能升级，提升用户体验。公众的反馈确保了技术的先进性和实用性，使改革成果更加贴近民众需求。以用户为中心的改革方式，在推动技术进步的同时，通过简化操作流程、提高响应速度、增强数据安全等举措，提升了效率、透明度和信任度，促进了社会的和谐与稳定。数字改革的价值在该指导理念下得以彰显，使人类文明之火的传承和升华有了坚实的根基，保障了人类社会在不断变革中保持活力和韧性。

（一）未来数字文明新篇

数字改革的"道"是在历史规律范畴内形成的。在人类文明的发展进程中，技术的革新始终是推动社会进步的核心动力。从古代的农业革命到近代的工业革命，每一次重大的技术突破都深刻地改变了人类的生产方式、生活模式以及社会结构。而如今，我们正站在一个全新的历史转折点上，数字技术以前所未有的速度和规模席卷全球，开启了一场影响深远的数字革命。回顾历史，我们不难发现，每次技术革命都推动了新生产要素的产生，进而推进社会形态变革，促进生产力提升，并助推社会形态进化。从工业革命的蒸汽机到信息时代的互联网，每一次技术飞跃都带来了新的生产工具和生产方式。工业革命中的机械化生产大幅提升了制造业的生产力，使大规模生产和城市化进程成为可能，从而推动了社会从农业社会向工业社会的转变。信息时代到来后，互联网和数字技术的广泛应用，进一步推动了知识和信息的快速传播，促进了全球化和信息化的发展，创造了数字经济和共享经济等新的经济形态，还催生了新的社会关系和文化格局，使社会进入了一个全新的信息时代。

数字改革的"道"是以制度建设为国家最大优势的关键实践。其核心在于通过完善和发展中国特色社会主义制度、推进国家治理体系和治理能力现代化，为实现中华民族伟大复兴提供根本保障。中国特色社会主义制度是党和人民长期实践探索的根本成就。数字时代更要依托这一根本成就，以数字技术赋能制度建设与国家治理，让数字改革在坚实制度保障下释放更大能量，把制度优势借助数字力量转化为更强的治理效能。

数字改革的"道"是以积极的态度，不断提高对数字化的适应能力。数字改革对人类文明发展的重要性不可估量。它打破了传统的时空限制，使得信息能够在瞬间传递到世界的每一个角落，促进了全球范围内的知识共享和交流合作。在经济领域，数字经济蓬勃发展，成为推动经济增长的新动能；在文化领域，数字内容创作和传播方式日新月异，极大地丰富了人们的精神生活；在教育领域，在线教育、智能教学等新模式不断涌现，为教育公平和个性化学习提供了新的可能；在医疗领域，远程医疗、智能诊断等技术的应用，提高了医疗服务的能力。数字改革还深刻地改变了人们的生活方式和思维方式，使人们能够更加便捷地获取信息、享受服务，同时也培养了人们的创新意识和数字化素养。大数据、人工智能、云计算、物联网等前沿领域通过不断的技术创新和应用，推动了经济的发展，促进了社会的全面进步，社会生产力得到了持续提升，人们的生活水平和质量也得到了显著改善，使人类社会在不断变革中迈向更高的文明阶段。基于这样的背景，我们应积极拥抱数字未来，认清数字适应能力对开启人类文明新纪元的意义和影响。通过对数字改革的内涵、特征以及其在各个领域的应用进行全面分析，揭示数字技术如何推动人类社会向更高层次的文明形态迈进的路径。同时，通过探讨数字时代下国家治理面临的挑战和机遇，及构建适应数字未来的国家治理模式，丰富和深化对数字时代人类文明发展的理论认识，为政府、企业和社会各界提供有益的决策参考，推动数字技术在各个领域的广泛应用和深度融合，促进人类社会的可持续发展和进步。

展望未来，我们要始终坚定信念，充分发挥主动性和能动性。数字文明作为数字化变革的核心概念和主要表现形式将继续引领我们走向更加美好的未来。通过个人、国家和全球层面的共同努力，我们有信心构建一个更加包容、可持续发展的数字文明，通过数字生态营造，为人类社会的全面自由发展注入新的活力。

（二）数字文化传播

数字改革的"道"是以文化为媒的数字文明传播之路。2025 年上映的《哪吒之魔童闹海》以数字技术打造震撼视听效果，迅速在全球掀起观影热潮，成为数字文化传播的新典范。当前，数字文化的传播力和影响力与日俱增，凭借互联网跨越国界，让不同文化相互交融，为世界文化的多元发展带来新契机。从秦汉至明清，中国文化在传承中不断演变，各个朝代都在不同的领域取得了辉煌成就，为中华民族文化的宝库增添了丰富多彩的内容。这些文化成就不仅是中国的宝贵财富，也对世界文化的发展产生了重要影响。中国历史的延续性和丰富性是举世罕见的。中国的百万年人类史，犹如一幅波澜壮阔的画卷，数字技术正在为我们揭开这段漫长历史的神秘面纱，我们迎来了研究文化起源的关键窗口期。

数字文化的发展经历了从初步探索到全面爆发的历程。20 世纪90 年代，互联网的兴起为数字文化的萌芽提供了土壤。早期的数字文化主要体现在文字、图片和音频的数字化上，如 BBS 论坛、电子书和音乐下载。进入 21 世纪，随着宽带网络的普及和移动互联网的兴起，数字文化开始迅速发展，出现了视频、社交媒体、网络游戏等新的文化形式。近年来，大数据、云计算、人工智能等技术迅猛发展，推动了数字文化的进一步繁荣。虚拟现实（VR）、增强现实（AR）和区块链等技术的应用，使得数字文化的表现形式更加丰富多元，用户体验更加沉浸和互动。数字藏品的兴起，探索出一条将文化转化为经济效益的道路，实现了文化和经济的新融合形态，也使世界文化的认同感显著提升。

习近平文化思想是习近平新时代中国特色社会主义思想的重要组成部分，深刻体现了新时代中国共产党对文化建设规律的认识和把握，具有鲜明的时代先进性。一是以文化自信为根基，筑牢民族复兴的精神支柱。习近平总书记强调："文化自信是一个国家、一个民族发展中最基本、最深沉、最持久的力量。"① 这一论断将文化自信提升到前所未有的战略高度。在全球化背景下，面对西方文化霸权和文化渗透，强调从中华优秀传统文化、革命文化和社会主义先进文化中汲取力量，既反对历史虚无主义，又避免封闭保守，为应对多元文化冲击提供了理论支撑。二是以核心价值观为引领，塑造时代精神坐标。创造性提出培育和践行社会主义核心价值观，将其作为"凝魂聚气、强基固本的基础工程"。通过《新时代公民道德建设实施纲要》《新时代爱国主义教育实施纲要》等政策载体，将抽象价值转化为具体实践。特别是在网络空间治理中，推进"清朗行动"，构建积极健康的网络文化生态，体现了对信息化时代意识形态领域新挑战的前瞻性应对。三是以守正创新为路径，激活传统文化现代生命力。习近平总书记提出"推动中华优秀传统文化创造性转化、创新性发展"的重要方法论。故宫博物院数字化工程、敦煌研究院"数字敦煌"等项目，利用现代科技手段让文物"活起来"；《典籍里的中国》《国家宝藏》等文化节目创新表达方式，使传统文化焕发新活力。这种既坚守文化根脉又拥抱现代文明的辩证思维，为传

---

① 习近平在庆祝中国共产党成立95周年大会上的讲话 [N]. 人民日报，2016-07-02（002）.

统文化与现代社会的融合提供了解决方案。四是以文明互鉴为视野，构建人类命运共同体。突破"中西对立"的思维定式，倡导"和而不同""美美与共"的文明观。通过人文交流合作计划、全球孔子学院建设、国际传播"丝路奖"等实践平台，推动中华文化"走出去"。五是以高质量发展为导向，创新文化治理体系。面对数字技术革命，前瞻性布局"数字中国"建设，推动文化产业数字化转型。截至2023年，我国数字出版产业规模达1.62万亿元①，网络文学出海，覆盖全球200多个国家和地区②。出台《关于推进实施国家文化数字化战略的意见》等政策，构建文化数据服务体系，培育新型文化业态，体现了对文化生产力和生产关系变革的深刻把握。这些理论创新和实践探索，既回应了中华民族伟大复兴的战略需求，又为人类文明进步提供了中国智慧。中国在文明形态更迭的关键期把握文化发展方向，在技术革命浪潮中创新文化治理模式，在百年变局中开拓文明对话新路径，形成了全面建设社会主义现代化国家的文化方略。

在数字文明新阶段，数字文化形成了发展并延续的新空间。一是虚实共生的文化场景。数字技术打破了物理空间的限制，创造了虚实共生的文化体验。元宇宙技术使得用户可以在虚拟空间参观博物馆、参与文化活动，甚至与历史人物互动。故宫博物院的"数字故宫"项目，通过VR技术让用户身临其境地体验古代宫廷生活，增强了文化体验的沉浸感和互动性。二是用户共创的文化生态。互联

---

① 中国新闻出版研究院.2023—2024中国数字出版产业年度报告[R].北京：中国新闻出版研究院，2024.

② 中国音像与数字出版协会.2023年度中国网络文学发展报告[R].北京：中国音像与数字出版协会，2024.

网平台的兴起，使得用户不仅成为文化内容的消费者，也成为创作者。B站、抖音等平台上的用户生成内容（UGC）成为数字文化的重要组成部分。B站的"二创"视频将传统文化与现代流行文化相结合，吸引了大量年轻用户。三是跨文明数字对话。数字技术为不同文明之间的交流提供了新的平台。通过区块链技术，文化遗产的数字版权得到保护，使得文化内容可以跨境传播。促进了文化的交流互鉴，推动了全球文化的融合与发展。

现阶段，全球的数字化变革推动世界文化的大融合。数字技术为文化的表达提供了多元化方式，将传统文化与现代科技相结合，增强了文化的互动性和体验感。数字平台为文化出海提供了新的路径，文化遗产的数字版权得到保护，使得文化内容可以安全跨境传播，提升了文化的吸引力和国际影响力。

二 数字改革孕育人类发展新形态

可以把人类社会的发展历程看作一个材质轻量化的过程：从石头到铜，再到铁、铝、镁，最终到化纤。这一过程不仅反映了技术的进步，也体现了人类对更高效、更可持续生活方式的追求。在碳基和硅基共存的未来，我们追求的是数与爱的协调，建成真正的人类命运共同体。

基于现阶段的数字改革成果，人类将迎来碳基与硅基的双向奔赴。碳基生命体（即人类）拥有情感和创造力，而硅基（即人工智能）则擅长处理数据和信息。碳基有爱，硅基有数，两者结合可以实现数与爱的协调。现阶段的人类研究和探索成果，特别是人工智能的发展，将深刻改变人类未来的生存形态。人工智能的发展经历了从数据驱动到模型驱动，再到认知驱动的转变。数据驱动阶段，人工智能主要依赖结构化数据进行分析和预测；模型驱动阶段，人工智能能够处理非结构化数据，如图像、语音和文本；认知驱动阶段，人工智能能够解决复杂的谬误问题，实现更高级的智能。大模型的横空出世极大地缩短了解决科学研究领域过去数十年无法解决的难题的时间。当前，AlphaFold 在短短一周内预测出 98.5% 的人类蛋白质结构，而过去十年全球科学家仅发现人类蛋白质结构的 17%。这一突破不仅极大地推动了生物医学研究，还为疾病治疗、药物研发等领域带来了革命性的变化。有可能会突破癌症治疗难题，延长人类的寿命，使人类免受疾病的折磨。而数字意识的存储进一步超越肉体的束缚，甚至可能实现永生。

（一）数字生态

数字改革的"道"是对以数字生态营造为先导的方法论的总结。数字生态广义上包括数字生态文明和数字化发展生态两部分。数字生态文明，即通过数字技术促进环境保护和可持续发展。数字化发展生态，即通过数字化手段为推动经济、社会和文化的全面发展营造优质环境。数字适应需要在良好的数字化发展生态中进行，否则就会走不对、走不正。数字化发展生态包括数字基础设施建设、数据资源的整合与利用、数字技术的创新应用以及数字治理的完善。数字生态，即在数字化转型过程中，技术、经济、社会和环境相互作用形成的一个复杂系统。它通过提高效率、促进创新和增强协同，为经济社会的高质量发展提供强大动力。数字生态的构建不仅需要技术的支持，还需要政策的引导和社会的广泛参与，以实现数字化转型的全面、协调和可持续。

1. 数字经济产业生态

未来数字经济产业生态的构建将呈现跨领域深度融合、技术驱动与制度创新并重、可持续发展导向的立体化格局。一是技术底座与数据要素双轮驱动。以区块链、人工智能、算力网络为核心的数字技术体系将重构产业底层逻辑。区块链技术通过分布式账本与智能合约，实现数据确权、交易追溯及信任机制重塑；AI大模型推动产业知识图谱化，加速垂直场景的智能化决策；算力基础设施则向"绿能+智能"方向升级，在降低能耗的同时，支撑超大规模计算需求。数据要素将深度融入生产函数，通过安全可信流通机制释放乘数效应。二是开放协同的产业共生体系。产业生态趋向"链主引领+多元共生"结构。头部企业搭建技术中台与标准体系，中小企业聚焦场景创新，形成类似厦门122家生态企业共建的创新链。重点领域将涌现跨行业解决方案平台，政府角色转向制度供给者，通过数据跨境流动规则、算力定价机制等制度创新消除生态壁垒。三是全要素生产率跃升机制。数字技术深度渗透实体经济的"哑铃形"改造特征凸显。前端通过工业互联网实现柔性制造，后端借助数字孪生优化供应链，中间环节依托产业大脑实现资源动态配置。人才培育体系向"数字工匠+AI训练师"复合能力模型演进，形成人力资本升级与技术创新正循环。四是绿色低碳发展范式创新。数字经济与"双碳"战略深度耦合，形成"源网荷储数"一体化生态。可再生能源富集区可通过微电网、虚拟电厂等技术，实现清洁能源就地消纳与算力输出协同。碳排放智能监测、产品碳足迹区块链溯源等技术，将推动形成覆盖"生产—流通—消费"的全链条碳资产管理体系，重构全球产业竞争规则。五是治理体系与安全屏障。随着数据跨境流动规模指数级增长，建立分级分类的数据主权保护机制、发展隐私计算等"数据可用不可见"技术成为关键。通过联邦学习、多方安全计算实现数据价值释放与安全可控平衡。同步构建涵盖算法审计、AI伦理评估的治理工具箱，防范技术滥用风险。

这一生态的实现路径需突破三大瓶颈。一是建立统一的数据要素确权登记与定价机制，二是完善适应技术快速迭代的标准体系，三是形成全球数字治理共识。只有构建起技术创新、制度创新、生态创新协同发展的立体网络，才能推动数字适应能力向更高阶形态演进。

2. 数字政府服务生态

未来数字政府服务生态的构建将呈现"科技驱动治理升级、数据重塑服务范式、人本价值贯穿全程"的立体化格局。一是智能中枢驱动的协同治理体系。以人工智能大模型为技术底座，实现跨部门数据实时融通与决策协同，构建"感知—分析—决策—反馈"闭环系统，形成精准化社会治理能力。同时，基于区块链的可信存证技术，确保跨域政务数据流转全程留痕，彻底破解传统政务系统数据孤岛难题。二是虚实联动的全域服务场景。融合数字孪生与扩展现实技术，打造"实体大厅+元宇宙政务舱"双轨服务体系。针对高频事项开发智能导办数字人，运用自然语言处理实现"语境化交互"，使老年群体可以通过语音对话完成医保办理等复杂流程。特殊群体服务将实现从"被动适配"到"主动感知"的转变，通过生物特征识别自动触发无障碍服务模式。三是数据要素市场化配置机制。建立政务数据资产登记评估体系，在确保国家安全前提下探索公共数据分级授权开放。通过联邦学习技术实现"数据可用不可见"的融合计算，赋能中小微企业信用评估、产业趋势预测等应用场景，推动政务数据从管理资源向生产要素转化。四是韧性安全与伦理治理双轮保障。采用量子加密与动态防御技术构建自主可控的安全体系，实现对网络攻击的毫秒级响应。同时，建立 AI 伦理审查机制，对政务算法进行可解释性改造与公平性审计，确保智能决策系统符合公共利益导向。五是持续进化的生态共创模式。形成"政府主导—科技企业支撑—公众参与"的创新共同体，通过低代码平台赋能基层公务员，快速开发定制化服务模块。建立数字政务"沙盒试验区"，允许在风险可控范围内试错迭代，加速新技术与治理需求的融合创新。

该生态体系将推动政府服务从"事项办理"转向"需求治理"，实现治理精度、服务温度、响应速度的同步跃升，最终形成"泛在可及、智慧普惠、公平有序"的现代化治理新范式。

3. 数字社会治理生态

未来数字社会治理生态的构建将呈现"全域协同、人本治理、高度自治"的立体化格局。一是智能决策响应体系。通过构建社会治理超级大脑，实现万亿级社会运行数据的快速解析与预测性决策。通过城市数字孪生体实时映射物理社会运行状态，形成"感知—推演—干预"全链条治理闭环，使突发公共事件响应效率指数级提升。二是可信数据流通的价值创造体系。依托区块链与联邦学习技术建立跨域数据要素市场，突破政务数据、企业数据、个人数据的流通壁垒。通过数据确权与智能合约自动执行，构建政府主导、多元主体参与的协同治理网络，使社会治理资源配置效率较传统模式提升一个数量级。三是人机共治的公共服务供给体系。部署具备情感计算能力的 AI 政务助手，形成 7×24 小时智能服务矩阵。结合脑机接口与元宇宙政务大厅，实现政务服务从"在线办理"向"沉浸式体验"跃迁，使特殊群体数字包容性覆盖率达到 98% 以上。四是生态治理的碳熵平衡体系。构建全域生态环境数字孪生网络，通过卫星遥感+地面传感的天地一体监测，实现生态资源动态核算与碳足迹实时追踪。结合 AI 优化算法自动生成生态补偿方案，推动经济社会发展与自然承载力达成动态平衡。五是韧性安全的防御自愈体系。通过构建社会治理数字免疫系统，建立覆盖物理域、信息域、认知域的三维安全防护体系。通过数字红蓝军对抗演练持续优化防御策略，确保关键基础设施安全可用性达到99.999%水平。六是价值共识驱动的协同进化体系。基于新技术架构建立社会治理共识机制，通过智能合约自动执行公共决策。运用群体智能算法将海量个体行为数据转化为集体智慧，形成"个体诉求—群体协商—政策迭代"的螺旋式上升治理模式，使社会治理效能实现自主进化。

该生态体系将推动社会治理从传统科层制向分布式智能体转型，形成技术赋能与制度创新双轮驱动的治理新范式，最终实现社会运行降本增效、公众满意度显著提升、重大风险预警覆盖率达到100%的治理目标。

（二）数字化生存

随着数字技术的飞速发展，人类的生存方式也在发生深刻的变化。数字化生存为未来的个人生存形态提供了无限的可能性。未来可以将人类的意识和记忆数字化，并存储在计算机系统中，彻底改变我们对生命和死亡的理解。利用高精度的脑机接口技术，人类的意识可以被扫描并转换为数字信息，存储在云端或其他高容量存储设备中。这种存储方式不仅可以保存个人的记忆和经验，还可以在需要时进行恢复和再现，在一定程度上能够缓解人们对逝者的悲伤，并实现思想传承。

数字化意识不仅能够被存储，还能够通过人工智能进行自演化和自成长。这意味着，存储的意识可以通过人工智能算法进行学习和进化，从而不断适应新的环境和情境、不断吸收新的知识和经验，随着时间的推移变得更加丰富和复杂，形成新的思维方式和行为模式。

数字技术实现人类意识的永生，既包括意识的存储和再现，也包括通过数字技术实现意识的持续存在和互动。未来的数字化永生将使意识上传的人类能够在虚拟世界中继续存在，与现实世界进行互动。数字化永生延长个人的存在时间，使个人价值创造周期延长，实现在虚拟世界中的继续贡献。

这些变化意味着什么？一是记忆永不褪色，重要的生活片段不再随时间模糊，可以像修复老照片一样修复记忆细节。二是能力自由加载，语言、乐器、专业技能可能变成"知识套餐"，按需购买使用权限。三是生命多维延续，肉体消亡不再是生命的终点，人们可以选择以数据形态继续参与社会生活。四是颠覆学习和教育模式，学校教育模式和目标都聚焦思维训练，专门训练如何与 AI 协同思考。

面对这样的数字化永生，你可能会担心，隐私怎么保护？真人还有价值吗？我们会迷失在虚拟世界吗？就像过去的科幻电影情节逐渐在现阶段变成现实一样，我们以前认为不可能的事情，未来可能会发生，这是认知的超越和知识积累到质变的结果。畅想未来，可能出现"思维防火墙"，像现在管理手机权限一样管理脑数据访问权。人类会找到与 AI 共生的新定位，就像相机出现后，手绘画师转型为摄影艺术家。人类是否会在虚拟世界中沉迷，关键看如何制定数字伦理规则和个人的数字适应能力及自我约束力等。

未来的数字化生存不是冰冷的科技狂欢，而是让技术像空气般自然融入生活。当我们谈论"意识上传""数字永生"时，本质上是在探索如何让爱、记忆和创造力突破肉体的限制。这或许就是人类用科技写给宇宙的最浪漫诗篇。

三 未来国家治理的数字模式

未来的国家治理将更加依赖于技术、政策、标准和需求的协同作用，形成政策引领、标准规范、技术驱动、需求导向的系统性结构。通过大数据、人工智能、区块链、5G等技术的应用，实现治理的智能化、透明化和个性化。通过数字化政策的制定和实施，以及统一的数据标准，确保数据的互联互通和共享利用。国家治理将更加关注公众需求，通过数字化手段提供更加个性化、便捷的定制化服务。然而，数据安全与隐私保护、技术普及与数字鸿沟、伦理与法律、技术依赖与风险等问题和挑战也需要政府和社会各界共同面对，确保数字技术的合理应用，推动国家治理现代化。

采用"技术治理技术"的理念形成新管理方案。这种"技术治理技术"模式不是简单地将技术作为治理工具，而是构建技术系统间的制衡生态链，形成动态博弈的治理闭环。治理框架分为多个层次，包含动态感知层、智能评估层、精准干预层和进化反馈层。动态感知层由3000万个分布式物联网节点构成"技术神经网"，实时捕捉各类技术系统的运行震颤。智能评估层通过分析专利数据库、论文发表和暗网交易数据的关联性，自动标注出可能突破伦理红线的技术组合，构建"技术风险热力图"系统，预警"脑机接口+深度伪造"的技术滥用风险。精准干预层通过部署的"技术阻尼器"，能在 0.3 秒内对越界技术实施精准压制，当某工厂的工业机器人出现异常协同模式时，阻尼器通过定向电磁脉冲使其进入安全模式，同时保留完整故障数据供溯源分析。进化反馈层表征治理系统自身具备持续进化能力。监管 AI 定期与各大科技企业的防御性AI 进行对抗训练，通过模拟数百万次攻防对抗，不断升级监管策略。这种"以子之矛攻子之盾"的机制，使治理技术始终保持领先优势。

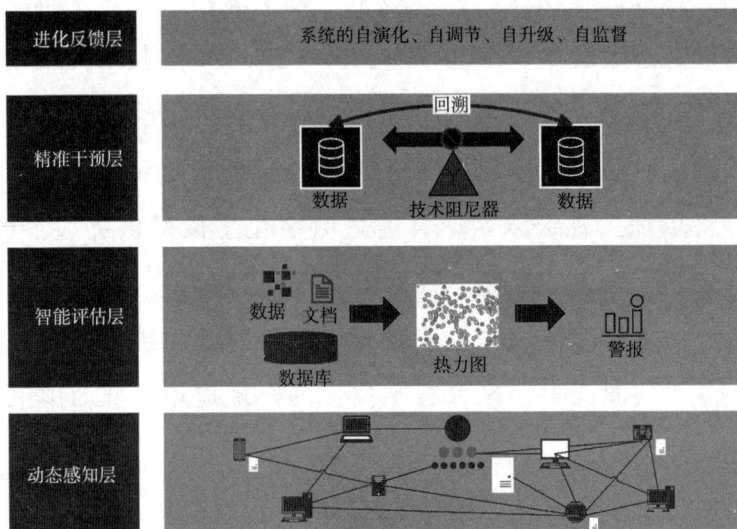

图 8-1 新型"技术治理技术"运行框架

在未来数字适应的道路上，个体、组织和国家都面临着前所未有的挑战。这些挑战也许是一场闪电战，也许是一场马拉松，关键是要始终紧跟数字技术发展的步伐和全球数字化变革的形势，找到突破口，坚定信念走下去。

随着数字化变革的进一步深入，新安全问题和技术霸权问题日益凸显，给全球治理带来了前所未有的挑战。随着各国在数字技术领域的竞争加剧，这些问题涉及国内外竞争格局的重构，我们需要从各方面采取积极的行动。同时，技术巨头通过掌握核心技术和数据资源，形成市场垄断，限制创新和竞争，影响市场公平，导致技术发展的不平衡。某些国家通过技术优势，试图在全球范围内推行自己的数字标准和规则，形成数字霸权。这种霸权不仅影响其他国家的技术发展，还可能侵犯他国的数字主权。数字技术的普及程度不均，导致发达国家与发展中国家之间的数字鸿沟不断扩大。这种不公平现象不仅阻碍了全球数字化进程，还加剧了社会不平等。

面对以上问题，一是加强国际合作。通过建立多边网络安全合作机制，共享威胁情报，共同应对跨国网络攻击。二是提升防御能力。加大网络安全技术研发投入，提升关键基础设施的防护能力，建立多层次的防御体系。三是参与制定国际标准。推动制定统一的网络安全标准和规范，确保全球网络环境的安全与稳定。四是促进技术创新。鼓励和支持中小企业和新兴技术企业的发展，打破技术垄断，促进市场竞争。五是加强数据保护。制定严格的数据保护法规，确保数据安全和隐私，防止数据滥用和侵犯个人隐私。六是建立多边合作机制。通过建立多边合作机制，加强国际沟通与合作，共同应对新安全问题和技术霸权问题。七是提升公众数字素养。通过教育和培训，提升公众的数字素养，增强其对数字技术的理解和应用能力。

数字时代，我们要始终坚信事在人为。数字适应的道路还需要自己去探寻，只是道听途说、纸上谈兵，终究找不到适合自身的数字化改革发展之路。未来还有很多我们暂时无法解决和弄清楚的问题，但是人类文明的火种必然将继续燃烧。面对"未来治理是虚拟代理还是个人配置？未来人工智能的发展是更加缩减，还是扩容？"等诸多疑问，我们要积极探索，努力思考，认真寻找答案。

参考文献

期刊文章

[1] 陈一收. 传统政治文化现代化的"善治"诉求 [J]. 闽江学院学报, 2007, (01).

[2] 周肇光. 辩证地认识中国经济改革开放的基本经验 [J]. 福建论坛 (人文社会科学版), 2008, (12).

[3] 张林桂. 构筑可持续发展的企业生态环境 提升企业的服务水平 [J]. 今日印刷, 2008, (08).

[4] 于峰, 孙洪波. 新兴市场与中国地区贸易政策——拉美与非洲的比较 [J]. 宁夏社会科学, 2009, (06).

[5] 吴剑扬. 构建转型期社会治安防控体系探讨 [J]. 现代商贸工业, 2011, 23 (10).

[6] 廖旭. 银行账户实名认证法对完善互联网查询个人信用报告身份验证的启示 [J]. 征信, 2014, 32 (11).

[7] 陈明鹤. 我国机器人产业发展存在的问题及对策研究 [J]. 科技促进发展, 2015, (06).

［8］陈华，马建珍.地方政府公信力和执行力建设——基于南京实践的研究［J］.中共南京市委党校学报，2015，（01）.

［9］黄增镇.基于社会资本视角下的民族地区社会治理创新研究［J］.广西民族研究，2015，（04）.

［10］刘保林.国家发展和改革委员会介绍"全国大众创业万众创新活动周"情况新闻发布会［J］.中国产经，2015，（11）.

［11］孟卧杰.论我国网络社会治理的三个有效结合［J］.天津行政学院学报，2015，17（06）.

［12］岳丽欣，刘文云.国内外政府数据开放现状比较研究［J］.图书情报工作，2016，60（11）.

［13］徐丽燕.历史逻辑性·现实性·规律性——深刻领会习近平新时代中国特色社会主义思想特性［J］.广西社会科学，2018，（08）.

［14］熊文钊.机构改革：全面提升政府治理效能之路［J］.人民论坛·学术前沿，2018，（06）.

［15］胡厚翠.大数据时代政府治理能力提升的对策建议［J］.岭南学刊，2018，（03）.

［16］管向梅.社会工作参与社会治理的可能与可为——基于社会工作想象力的启发［J］.电子科技大学学报（社科版），2018，20（02）.

［17］冯光泽.新时代我国纳税服务创新的探索与实践［J］.税务研究，2018，（04）.

［18］杨炜伟，吴恒.大数据时代个性化自适应学习模式初探［J］.大学教育，2018，（04）.

［19］杨曜宇.老年人网络信息交流中的获益阻力研究——基于数字

鸿沟视角 [J] . 产业与科技论坛, 2019, 18 (22).

[20] 曹晓兵 . 智能科技赋能城市未来 [J] . 软件和集成电路, 2019, (08).

[21] 李怿, 张仲涛 . 城市社区治理主体间协同关系研究综述 [J] . 中共乐山市委党校学报, 2019, 21 (02).

[22] 徐娜 . 从共谋到协同治理: 一个治理体系现代化的演进路径——以武陵山区 W 镇政府组织架构调整为例 [J] . 湖北民族学院学报 (哲学社会科学版), 2019, 37 (05).

[23] 刘祺 . 当代中国数字政府建设的梗阻问题与整体协同策略 [J] . 福建师范大学学报 (哲学社会科学版), 2019, (03).

[24] 杨大鹏 . 数字产业化的模式与路径研究: 以浙江为例 [J] . 中共杭州市委党校学报, 2019, (05).

[25] 李宏兵, 王贺新, 翟瑞瑞 . 工业智能化对我国就业和工资的影响效应研究 [J] . 北京邮电大学学报 (社会科学版), 2020, 22 (06).

[26] 董幼鸿, 叶岚 . 技术治理与城市疫情防控: 实践逻辑及理论反思——以上海市 X 区 "一网统管" 运行体系为例 [J] . 东南学术, 2020, (03).

[27] 刘金河, 崔保国 . 数据本地化和数据防御主义的合理性与趋势 [J] . 国际展望, 2020, 12 (06).

[28] 盛朝迅 . 中美比较视角下我国制造业发展存在的问题及对策 [J] . 湖北大学学报 (哲学社会科学版), 2020, 47 (03).

[29] 陈岗, 王丽 . 大数据时代面临的信息安全机遇和挑战分析 [J] . 技术与市场, 2020, 27 (11).

[30] 范海勤, 崔雪峰 . 我国数字政府建设情况与推进策略研究 [J] .

现代工业经济和信息化，2020，10（07）.

[31] 孙建社 . 中国外交战略理念的转变：由强调"斗争"到主张"合作"［J］. 社会主义研究，2020，（03）.

[32] 孙倩文，闫寒，陈羽凡 . 网络安全技术发展方向与趋势研究［J］. 今日科苑，2020，（11）.

[33] 杨松柏，余鹏翔，戴景义 . 塔里木乙烷制乙烯智能工厂建设探索和思考［J］. 乙烯工业，2021，33（04）.

[34] 潘君豪，杨一帆 . 老年数字包容型社会的整体性治理研究［J］. 西南交通大学学报（社会科学版），2021，22（02）.

[35] 陈向阳 . 把脉"时"与"势"之变以安全发展护航民族复兴新征程［J］. 人民论坛·学术前沿，2021，（15）.

[36] 韩文秀 . 以高质量发展为主题推动"十四五"经济社会发展［J］. 当代兵团，2021，（02）.

[37] 王曦，郭祥 . 人类命运共同体理念对摆脱全球环境治理困境的启示［J］. 环境保护，2021，49（06）.

[38] 戴丽 . 数字社会治理现代化转型的有效路径［J］. 改革与战略，2021，37（09）.

[39] 屠静芬，金姣 . 中国社会主义现代化与国家治理现代化的互动关系［J］. 石河子大学学报（哲学社会科学版），2021，35（01）.

[40] 段忠贤，吴鹏 ."民生三感"测评指标体系构建及检验［J］. 统计与决策，2021，37（24）.

[41] 韩丽，程云喜 . 企业数字化领导力面临的挑战、短板及提升路径［J］. 领导科学，2021，（19）.

[42] 谭溪 . 加拿大数字政府治理改革实践及反思［J］. 中国行政管

理，2021，（07）.

[43] 黄宏亮 . 会计信息化对财务管理的影响分析及对策［J］. 中国
储运，2021，（03）.

[44] 汤治成 . 人工智能影响下的中国人口发展［J］. 云南社会科
学，2021，（03）.

[45] 张茉楠 . 全球数字治理：分歧、挑战及中国对策［J］. 开放导
报，2021，（06）.

[46] 王灵桂 . 全面建成小康社会与中国式现代化新道路［J］. 中国
社会科学，2021，（03）.

[47] 刘丽园 . 现阶段我国政府基层治理的困境及突破路径——基于
网络化治理的理论视角［J］. 沿海企业与科技，2021，（06）.

[48] 靳思远 . 全球数据治理的 DEPA 路径和中国的选择［J］. 财经
法学，2022，（06）.

[49] 张雷声 . 中国共产党关于社会主义基本经济制度的发展与创新
［J］. 思想理论教育导刊，2022，（07）.

[50] 周立君 . 新时代网络空间道德建设的实践路径［J］. 佳木斯大
学社会科学学报，2022，40（06）.

[51] 郝志昌 . 数字劳动、数字权力与数字权利：赛博无产阶级的生
命政治学［J］. 思想战线，2022，48（04）.

[52] 刘信虎 . 基于电子信息技术的智能交通信号灯控制系统的设计
［J］. 光源与照明，2022，（01）.

[53] 任宗哲，李笑宇 . 我国公共危机治理的演进、问题与优化［J］.
西北大学学报（哲学社会科学版），2022，52（05）.

[54] 张瑜烨，史泰然 . 沉迷都市圈的媒介空间：菜市场的烟火景观
与信念景观［J］. 现代传播（中国传媒大学学报），2022，44

（03）.

[55] 吴宁，薛朋，宁甜甜.中国共产党百年反贫困研究——基于土地政策演进的视角［J］.思想理论战线，2022，1（03）.

[56] 刘国中.以供给侧结构性改革为主线，建设现代化经济体系［J］.现代企业，2022，（08）.

[57] 王样.技术德性美德驱动的包容性服务设计研究［J］.设计艺术研究，2022，12（02）.

[58] 宋雨伦.数字技术融合创新助力数字政府建设［J］.软件和集成电路，2022，（11）.

[59] 李婷.智慧文旅及数字化旅游教学模式研究［J］.产业与科技论坛，2022，21（17）.

[60] 陈笑语，王晓灵.政府数字化转型：逻辑进路与关键问题［J］.新疆社科论坛，2022，（02）.

[61] 姜玉泉.加快数字经济发展重塑经济新优势［J］.通信世界，2022，（15）.

[62] 钱馨蓓，董程慧.数字经济与经济增长研究述评及展望［J］.深圳社会科学，2022，5（05）.

[63] 陈伟光，钟列炀，裴丹.平台经济治理：从国家监管向全球治理跨越的逻辑［J］.天津社会科学，2022，（06）.

[64] 张正怡.数据价值链视域下数据跨境流动的规则导向及应对［J］.情报杂志，2022，41（07）.

[65] 秦国民，王康源.数字化时代制度赋能乡村治理效能提升的作用机理与实践路径［J］.广西社会科学，2022，（06）.

[66] 王浦劬，臧雷振.中国社会科学研究的本土化与国际化探讨——兼论中国政治学的建设和发展［J］.行政论坛，2022，

28（06）.

[67] 刘红波，赖舒婷.数字社会背景下的政府众包：概念框架、价值蕴含与运行模式［J］.电子政务，2022，（07）.

[68] 李芳.中国式现代化历史进程发展意义分析［J］.世纪桥，2022，（05）.

[69] 谢嫒.浅析提升市域社会治理的智治水平［J］.柴达木开发研究，2022，（05）.

[70] 朱伟婧.基层治理数字化及其实现路径研究［J］.三晋基层治理，2022，（05）.

[71] 周宇.数字化改革助力民生保障［J］.小康，2022，（33）.

[72] 邵航，高思琪，钟离，等.同态加密在隐私计算中的应用综述［J］.信息通信技术与政策，2022，（08）.

[73] 吴佼玥，张博源，任静，等.输入型脑机接口技术临床应用的法律规制研究［J］.医学与哲学，2023，44（04）.

[74] 卢岚.论思想政治教育数字化转型的问题域、逻辑域与价值域［J］.贵州师范大学学报（社会科学版），2023，（06）.

[75] 游文亭.《民法典》对智能合约的法律规制［J］.理论月刊，2023，（12）.

[76] 孙枭坤，陈宇.雄安新区公共服务精准管理的实践路径、内在逻辑及未来面向［J］.学术交流，2023，（07）.

[77] 王付，张继焦.数智时代县域城市治理能力及其数字化建设研究［J］.关东学刊，2023，（05）.

[78] 易炼红.深入实施"八八战略"强力推进创新深化改革攻坚开放提升在中国式现代化新征程上干在实处走在前列勇立潮头［J］.政策瞭望，2023，（02）.

［79］孙鸽平，刘芳芳．数据跨境流通的三重阻滞：表现形式、原因分析与破解对策［J］．南方金融，2023，（09）．

［80］刘兴国，丁贵娥．改革催生、创新打造、管理培育、并购迈进、竞争磨炼——建设世界一流企业的五条路径［J］．企业管理，2023，（07）．

［81］黎冲森．丝路蓝图绘就中国车企全球化新画卷［J］．汽车纵横，2023，（11）．

［82］刘生龙，胡鞍钢．中国经济发展趋势：机遇与挑战（2021—2035）［J］．甘肃社会科学，2023，（01）．

［83］王东辉，李鹏飞，李东艳，等．元宇宙发展趋势分析及运营商发展建议［J］．中国电信业，2023，（09）．

［84］张钦华．数字政府建设加速中的电信运营商机会启示［J］．中国电信业，2023，（05）．

［85］张晓娇，余冰洁．基于"互联网+政务服务"的河南省信阳市营商环境优化研究［J］．商展经济，2023，（17）．

［86］张继德，刘洁，黄思良，等．数字化转型与企业绩效：综述和展望［J］．财会通讯，2023，（14）．

［87］陈宏曲．坚持人民至上注重守正创新努力开创数字政府建设新征程［J］．中国行政管理，2023，（01）．

［88］陈淑萍．论农业统计工作对乡村振兴发展的作用［J］．农村经济与科技，2023，34（22）．

［89］黄南．治理现代化视域下加快数字政府建设的路径选择［J］．唯实，2023，（05）．

［90］孙艺栩．大数据在公共事业管理决策中的应用研究［J］．互联网周刊，2023，（20）．

[91] 赵月琪，王劲松．数智化赋能文化资源价值、原则与路径探赜 [J]．延边党校学报，2023，39（02）．

[92] 刘苹，熊子悦，张一，等．基于数字平台的零工经济研究：多学科多视角的文献评述 [J]．西部论坛，2023，33（01）．

[93] 张帆，张家榜，曹天一，等．数字文创产品设计研究综述 [J]．包装工程，2023，44（12）．

[94] 罗理章，李鸿旭．构建全球数字治理新秩序的现实困境及中国方案 [J]．经济与社会发展，2023，21（05）．

[95] 郑爱军．政务信息资源整合共享：数字政府的创新与实践 [J]．数字经济，2023，（04）．

[96] 徐宏潇．数字帝国主义的演化特征及其批判进路 [J]．马克思主义与现实，2023，（04）．

[97] 赵将，陈丹．"1+1+N"城市数据运营模式的探索 [J]．网络安全与数据治理，2023，42（06）．

[98] 马金华，毕学进．中华民族优秀传统文化与中国当代财政学科国际话语权的构建 [J]．财政研究，2023，（04）．

[99] 邓文杰．从物质到虚拟：传统工匠文化空间的数字化重构 [J]．民族艺术，2023，（02）．

[100] 马瑞．游戏产业为数字经济添动能 [J]．中国外资，2023，（16）．

[101] 俞灵琦．孔繁荣：数字转型"领航人" [J]．华东科技，2023，（11）．

[102] 章军．大数据在政府会计制度实施中的应用探讨 [J]．现代审计与会计，2023，（07）．

[103] 张烨．促进贵州数字经济与实体经济深度融合的实践路径研

究［J］.中国商论，2023，（20）.

［104］郑筱筠.推动文明交流互鉴构建人类命运共同体［J］.中国宗教，2023，（12）.

［105］毛文思.网络文学海外传播现状与前景探析［J］.出版参考，2023，（06）.

［106］惠宁，杨金璇.数字经济与文化产业发展的政策梳理及其演进特征分析［J］.山西师大学报（社会科学版），2023，51（01）.

［107］王玉珏，李演航.中国式现代化视域下数字中国建设的价值意蕴［J］.集美大学学报（哲学社会科学版），2023，26（03）.

［108］曾坚，贺蔚杰，曾穗平.中国式现代化：多源数据与人工智能技术支持下的国土空间规划理论框架［J］.城市学报，2023，（05）.

［109］邵云娜，项邦孟.构建数据安全协同治理制度体系的路径与策略［J］.电脑知识与技术，2023，19（26）.

［110］郑若婷，于文轩，赵昊雪，等."AI驱动的社会科学研究与公共治理新范式的构建"高端学术论坛综述［J］.公共管理学报，2023，21（01）.

［111］陈云霏.数智化技术驱动下高校智能财务决策的内涵、要素与体系构建［J］.财会通讯，2023，（18）.

［112］陆岷峰，欧阳文杰.关于新时期数据资产要素市场化的目标、原则及路径的研究——以商业银行数据资产为例［J］.新疆社会科学，2023，（05）.

［113］范爱娟.基于区块链智能合约技术碳排放权交易系统设计

[J]．软件，2023，44（06）．

[114] 张爱军，蒋玉．AI"复活"逝者：技术幻影下的数字永生及伦理考量[J]．江汉学术，2023，42（05）．

[115] 吴晓青．"数绿"相融向"新"而治迈出数字生态文明建设新步伐[J]．中国科技产业，2023，（10）．

[116] 吴田．数字时代的数字人才治理：核心概念与基本逻辑[J]．领导科学，2024，（04）．

[117] 王静，王鹏．智慧图书馆生成式 AI 大模型风险治理机制研究[J]．情报杂志，2024，43（08）．

[118] 李柯瑶．《医学类专业课程思政教学实录》：将价值观引导于知识传授和能力培养之中[J]．磁共振成像，2024，15（08）．

[119] 陈海鹏，吴琪．人工智能"有效加速"与"超级对齐"发展观辨析[J]．竞争情报，2024，20（05）．

[120] 胡思颖，孙雨薇，向芳，等．数字经济赋能城市劳动生产率提升：理论、历史和实践逻辑[J]．科技创业月刊，2024，37（05）．

[121] 林晓华．新闻传播与纸媒结合的发展路径探究[J]．中华纸业，2024，45（11）．

[122] 钟彩英，林小慧，杨磊成，等．科技发展对大学生思政教育的影响与应对[J]．中国军转民，2024，（15）．

[123] 刘景亮，王文凯，韩洁茹，等．数字医疗时代老年人在线健康服务数字鸿沟及其对策研究[J]．图书情报导刊，2024，9（09）．

[124] 王胜利．图书馆环境控制技术在纸质文献保存中的应用[J]．

中华纸业，2024，45（08）.

[125] 李延伟．预防性公共安全治理模式的实现路径［J］．国家治理，2024，（03）.

[126] 范晓波．央行数字货币跨境支付的法律挑战与监管协调路径研究［J］．政法论坛，2024，42（06）.

[127] 谢玉琪，李静贤．数字化转型背景下国有企业风险管理问题研究［J］．现代商业，2024，（07）.

[128] 冯浩然．人工智能刑事主体地位的否定和反思［J］．江西警察学院学报，2024，（01）.

[129] 赵可金．构建人类命运共同体理念的时代价值、理论与实践逻辑［J］．当代世界，2024，（10）.

[130] 陈雷刚．论广东改革开放中的历史主动精神［J］．特区实践与理论，2024，（04）.

[131] 蔡跃洲，王麒植，钟洲．线上排他行为、阶段性特征与数字平台治理：三方动态博弈分析［J］．经济研究，2024，59（05）.

[132] 蔡昉，顾海良，韩保江，等．聚焦构建高水平社会主义市场经济体制，推动经济高质量发展——学习贯彻党的二十届三中全会精神笔谈［J］．经济研究，2024，59（07）.

[133] 任欣怡，周亚虹．我国数字鸿沟的形成因素、影响及其治理路径［J］．经济问题，2024，（09）.

[134] 李东民，张旭．数字金融推动加快新质生产力发展探析［J］．征信，2024，42（06）.

[135] 李雪娇．DEPA 数据跨境传输规则研究——基于与综合性 FTAs 的文本比较分析［J］．石家庄学院学报，2024，26（02）.

［136］王云升.智能交通系统在路桥设计中的应用与优化［J］.运输经理世界，2024，（22）.

［137］蒋航.电网项目"智慧化+财务"的预算管理体系构建［J］.中国价格监管与反垄断，2024，（05）.

［138］尹亮，郭涛，马跃强.电力交易数据安全分类分级管理综述［J］.工业信息安全，2024，（04）.

［139］陈忠华，张佳儒，王爽果，等.卷烟厂生产数据分析与决策支持系统的构建与优化［J］.中国新通信，2024，26（05）.

［140］孙姗.基于数字农业的农业企业数据确权模式［J］.农业工程，2024，14（05）.

［141］徐玉德，程东.数据资产赋能数字经济发展的机制、挑战与应对［J］.财务与会计，2024，（13）.

［142］王瑜婷.周成虎院士：智慧城市让人、自然与社会更加和谐［J］.中国测绘，2024，（08）.

［143］张勤，仝宇.人工智能驱动全球经济治理变革的理论逻辑及政策路径［J］.亚太经济，2024，（03）.

［144］刘典.中国互联网30年：全球格局变迁下的风险挑战、战略转型与未来前瞻［J］.数据与计算发展前沿（中英文），2024，6（02）.

［145］熊阿俊，许芷浩.党建引领新就业群体的平台治理：基于价值、结构、技术三重维度［J］.中国领导科学，2024，（03）.

［146］郭晓东.新就业群体统战工作研究——基于江苏省C市的调查［J］.江苏省社会主义学院学报，2024，25（01）.

［147］李微微.数实融合背景下新能源汽车营销策略研究［J］.现代商贸工业，2024，45（15）.

[148] 甘甜，门垚．景观与本真：政务服务智能化的价值反思与实践向度［J］．江南大学学报（人文社会科学版），2024，23（03）．

[149] 杨斌．论新时代"枫桥经验"的数智化实现［J］．中国应用法学，2024，（05）．

[150] 黄娇，苏圣乔．浅谈以共同富裕为导向的乡村振兴数字化发展［J］．西部财会，2024，（06）．

[151] 林弘涛，田菲．城市治理数字化转型的优化路径研究［J］．国际公关，2024，（09）．

[152] 詹国辉，魏海涛．数字赋能政府治理现代化：价值行动、治理限度与策略选择［J］．党政研究，2024，（02）．

[153] 雷巧玲，于兴荣．新时代全党大兴调查研究的理论逻辑、战略任务与实践旨向［J］．中共青岛市委党校．青岛行政学院学报，2024，（04）．

[154] 张斌，王薇．"数据价值共同体"：数据要素价值释放的有效策略［J］．湖南社会科学，2024，（06）．

[155] 余阳．数字化转型下的财务共享中心建设与运营［J］．财经界，2024，（24）：99-101．DOI：10.19887/j.cnki.cn11-4098/f.2024.24.006．

[156] 左再玉．探究行政事业单位会计监督与财务风险防控［J］．行政事业资产与财务，2024，（11）．

[157] 张壹帆，陆岷峰．锻造新质生产力：数字技术产业化的新使命与发展新路径［J］．探求，2024，（02）．

[158] 李卓霖．基于韧性城市理念的城市滨水公园设计——以武汉滨江公园设计为例［J］．江西科学，2024，42（04）．

[159] 袁迎春，杜伟泉，林诚彦，等．"社会治理现代化的多元路

径"青年谈［J］．贵州民族大学学报（哲学社会科学版），
2024，（02）．

［160］陈水生．政企联合创新助推数字中国建设［J］．人民论坛，
2024，（08）．

［161］马丽娅·哈则孜别克．人工智能时代下数据安全法律规范的
探讨［J］．法制博览，2024，（25）．

［162］祁壮，莫漫漫．国家治理现代化进程中数字治理的价值偏离
与纠偏［J］．管理学刊，2024，37（02）．

［163］张艳涛．全人类共同价值的中国叙事——兼论中国式现代化
蕴含的独特价值观［J］．继续教育研究，2023，（07）．

［164］钱燕娜．基于"四个自信"的中华优秀传统文化创新性发展
路径探讨［J］．红河学院学报，2024，22（04）．

［165］刘孟男，吕丹．深刻把握中国式现代化的文化基因［J］．学
校党建与思想教育，2023，（02）．

［166］杨慧敏．云南省大理州数字经济发展思路研究［J］．商展经
济，2024，（10）．

［167］佟宇，赵天睿．中华廉洁文化的精髓提炼及现代应用［J］．
长春师范大学学报，2024，43（07）．

［168］王亚玲．论共建共治共享社会治理制度与数字经济的耦合性
及实现路径［J］．社科纵横，2021，36（02）．

［169］李佳霖，董嘉昌．以数字经济与实体经济深度融合推动高质
量发展的理论逻辑及实现路径［J］．陕西师范大学学报（哲
学社会科学版），2024，53（04）．

［170］符妹．全球数字治理的中国方案：挑战、逻辑与应对［J］．
重庆邮电大学学报（社会科学版），2024，36（05）．

[171] 刘鹤. 南昌市"数实融合"驱动实体经济创新发展策略 [J]. 全国流通经济, 2024, (04).

[172] 申梓瑜, 申玉霞. 数字经济对传统产业转型升级的影响研究 [J]. 中国经贸导刊, 2024, (12).

[173] 张甜静. 新质生产力驱动下人的全面发展的内在逻辑 [J]. 南方论刊, 2024, (11).

[174] 张延松. 元宇宙共建理念消解数字地缘政治的平台化逻辑——基于元宇宙赋能国际文化传播新方向视角的考察 [J]. 理论导刊, 2024, (05).

[175] 赵冰洁. 数字经济与实体经济深度融合发展研究 [J]. 老字号品牌营销, 2025, (09).

[176] 田诗涵. 经济全球化背景下百年中国国际贸易: 从落后到领跑 [J]. 中国商论, 2025, 34 (04).

[177] 杨朝霞. 论习近平生态文明思想对可持续发展观的超越 [J]. 生态文明研究, 2025, (01).

[178] 白秀芬. 关于农业大数据在农业经济管理中的应用分析 [J]. 新农民, 2025, (13).

[179] 陶明辉. 数字经济时代企业人力资源管理数字化转型研究 [J]. 中国集体经济, 2025, (14).

[180] 左洋. 数字化转型对企业财务风险的影响与应对 [J]. 商场现代化, 2025, (11).

[181] 陆晓莉. 论中国特色社会主义制度优势的三重维度 [J]. 浙江万里学院学报, 2025, 38 (02).

[182] 张紫靖, 孙佳婧. 商业银行金融科技对其盈利能力的影响研究 [J]. 科技促进发展, 2025, 21 (02).

专著

[1] 中共中央关于全面深化改革若干重大问题的决定 [M]．人民出版社，2013．

[2] 中国信息化百人会课题组．信息经济崛起 [M]．电子工业出版社，2017．

[3] 陈红娟．中国特色社会主义理论体系实践逻辑研究 [M]．上海人民出版社，2018．

[4] 中国电子信息产业发展研究院．工业互联网创新实践 [M]．电子工业出版社，2019．

[5] 张扬，祖湘莎．城乡劳动力流动、国际贸易与就业效应 [M]．社会科学文献出版社，2020．

[6] 陈锦富．城市空间治理理论与实证 [M]．华中科技大学出版社，2020．

[7] 刘光毅，黄宇红，崔春风，等．6G重塑世界 [M]．人民邮电出版社，2021．

[8] 孔陆泉．《资本论》三大理论新解 [M]．南京大学出版社，2021．

[9] 胡涵锦．坚持和发展中国特色社会主义 [M]．上海交通大学出版社，2021．

[10] 李洋．产业数字化转型精要 [M]．人民邮电出版社，2022．

[11] 宋华．数字供应链 [M]．中国人民大学出版社，2022．

[12] 付登坡，江敏，任寅姿，等．数据中台 [M]．机械工业出版社，2022．

会议

[1] 郝守琴.论上海自贸区负面清单管理模式的发展与完善［C］// 湖北省法学会经济法研究会.湖北省法学会经济法研究会 2017 年年会摘要集.中南财经政法大学法学院，2017.

[2] 高惠君.智能船舶及智能航运发展的初步思考［C］//北京造船 工程学会 2016-2017 年学术论文集.交通运输部水运科学研究 院，2018.

互联网文章

[1] 国务院."十四五"数字经济发展规划［EB/OL］.(2021-12-12).

报纸

[1] 白天亮.全面深化国企改革充分发挥国有经济主导作用［N］. 人民日报，2015-09-14（002）.

[2] 罗建华.深化改革开放推动高质量发展［N］.人民公安报， 2021-12-16（003）.

[3] 吴秋余，赵展慧.靠前发力宏观政策稳增长［N］.人民日报， 2022-03-28（001）.

[4] 潘文静.构建数字化智能化的政府运行新形态［N］.河北日 报，2023-06-02（005）.

[5] 热点议题深入研讨推动数字经济多领域国际合作［N］.中国计

算机报，2024-07-08（008）.

[6] 袁森．培育新质生产力积蓄发展新动能 ［N］．咸阳日报，
    2025-04-14（001）.

学位论文

[1] 郑翔峰．科学技术与先进文化关系的理性思考 ［D］．福建师范
    大学，2006.

[2] 曹咏萍．普世价值民族化与民族价值普世化 ［D］．北京交通大
    学，2008.

[3] 相利盈．信息化时代中国网络问政研究 ［D］．首都师范大
    学，2011.

[4] 王武．数字鸿沟与贫富差距 ［D］．山东大学，2011.

[5] 张迪．济宁市政府行政效能建设的研究 ［D］．中国海洋大
    学，2013.

[6] 陈亚利．乡村社会治理科学化研究 ［D］．河南大学，2013.

[7] 莫智勇．中国城市形象传播力研究 ［D］．武汉大学，2013.

[8] 从连．中国服务贸易壁垒的测度与国际比较 ［D］．南开大
    学，2014.

[9] 苏光．现代管理中的工具理性作用研究 ［D］．黑龙江大
    学，2015.

[10] 顾晓帆．电子政务环境下的政府数据公开策略研究 ［D］．首
    都经济贸易大学，2016.

[11] 范哲．数字原住民的社会化媒体采纳研究：理论框架与实证探
    索 ［D］．南京大学，2016.

［12］高妍.《福州市城市内河管理办法》政策执行效果分析［D］.厦门大学，2017.

［13］石钰冰.基于公众满意度视角的广州图书馆公共服务质量提升研究［D］.暨南大学，2017.

［14］陈嵊.慕课网商业模式重构研究［D］.广西大学，2018.

［15］张俐欢.5G网络切片中的异构安全通信研究［D］.西安电子科技大学，2018.

［16］祁述裕.国家文化治理现代化研究［M］.社会科学文献出版社，2019.

［17］孙璐璐.英国政府数字化转型及其对我国的启示［D］.山东师范大学，2020.

［18］潘加军.公民环境权益保障协同治理研究［D］.大连理工大学，2020.

［19］崔云朋.国家治理现代化视域下人的全面发展研究［D］.山西大学，2020.

［20］宋瑞新.工作场所社交媒体使用目的的影响因素［D］.河南大学，2021.

［21］蒋亲亲.我国老年人电子公共信息服务利用现状调查［D］.郑州大学，2021.

［22］靳沛琳.养老机构老年人迁移应激干预方案的构建及应用研究［D］.郑州大学，2021.

［23］郝玉嫚.基于能力成熟度模型的MBH家居全球业务数字化转型研究［D］.广西民族大学，2021.

［24］王娜娜.基于大数据平台的WH公司数据治理规划［D］.吉林大学，2021.

[25] 陆梦.安徽雪龙纤维科技公司数字化转型策略研究 [D] .中国矿业大学, 2022.

[26] 黄丽花.国家在场与数字嵌入：开远市羊街乡的数字治理研究 [D] .云南大学, 2022.

[27] 凌珍珍.改革开放以来中国共产党主要领导人的信息化思想研究 [D] .华南理工大学, 2022.

[28] 张宜强."构建人类命运共同体"海外认同问题研究 [D] .上海社会科学院, 2022.

[29] 王文选.数字经济赋能黑龙江省装备制造业高质量发展研究 [D] .哈尔滨商业大学, 2022.

[30] 李文琪.产业数字化对制造业转型升级的影响研究 [D] .中南财经政法大学, 2022.

[31] 王杰森.数据作为生产要素参与分配机制研究 [D] .福建师范大学, 2022.

[32] 罗彦博.大数据背景下互联网平台滥用市场支配地位的反垄断规制 [D] .广西大学, 2022.

[33] 黄文斌.跨境数据流动下欧盟标准合同条款制度研究 [D] .苏州大学, 2022.

[34] 于冬阳.智能时代代际数字鸿沟的治理困境及其优化路径 [D] .山东大学, 2022.

[35] 朱乐礼.长江干线数字化航道管理优化研究 [D] .江苏大学, 2023.

[36] 陈桢.无锡乡镇的节气民俗文化数字交互设计与研究 [D] .南京邮电大学, 2023.

[37] 孔靓怡.赛博朋克电影类型风格研究 [D] .河南大学, 2023.

［38］刘宏杰．自媒体平台伦理失范问题与对策研究［D］．上海财经大学，2023.

［39］李晴．个人数据跨境流动国际监管的法律问题研究［D］．辽宁大学，2023.

［40］龙春宇．虚拟偶像文化景观研究［D］．西华大学，2023.

［41］荆雯．中拉文化贸易发展的机遇与挑战研究［D］．北京第二外国语学院，2023.

［42］黄佳鑫．进口国数字经济发展水平对中国出口贸易结构的影响研究［D］．吉林大学，2023.

［43］陈诗旭．数字技术的行业间溢出效应［D］．西南财经大学，2023.

［44］王玉玺．结构性货币政策对民营企业融资约束的影响研究［D］．山东财经大学，2023.

［45］高晟贺．数字资本主义批判及"数字中国"建设研究［D］．兰州大学，2023.

［46］胡明雪．数字政府建设背景下Q市政务数据共享问题研究［D］．燕山大学，2023.

［47］陶梦飞．习近平精准扶贫重要论述研究［D］．江西科技师范大学，2024.

［48］李沫霏．中国数字政府治理主体协作问题研究［D］．吉林大学，2025.

后　记

　　写完本书最后一个字时，正值 2025 年五一劳动节前夕。这本书的创作远比我预想中艰难，经历了数次推翻大纲的焦虑，还有无数个在键盘前枯坐到天明的夜晚，终小有所成。此刻回想起来，一切都有了意义。

　　这本书基于成立中共中央党校（国家行政学院）国家治理教研部的大学课背景的思考，结合本人所在的数字治理教研室的研究方向进行探索。当前数字变革的步伐越来越快，且呈现更为多元、更为深入的发展态势，未来数字技术将持续深入地融入人类社会的各个领域，为人类文明的发展带来更加璀璨的前景。数字适应作为数字时代全要素发展过程中的必备能力，必然要求个人、组织和国家以积极的态度和正确的认知对待和反思。

　　在此要感谢我的爱人对我工作的理解，她这段时间默默地付出，并给予我最大的支持，让我可以全心投入写作。她以严谨的学术态度和对细节的严格要求，为全书的写作提出了宝贵的意见、建议，让这本书最终得以如此呈现。

　　面对如此波澜壮阔的数字未来，我们每个人都肩负着重要的使命，要积极主动地提升自身的数字素养，通过持续学习，掌握先进的数字技术，不断增强数字适应能力。组织应坚定地推进数字化转型，制定科学合理的战略规划，加大在数字技术研发和应用方面的投入，培养和引进数字化人才，充分发挥数字技术的优势，实现创新发展。国家应加强数字基础设施建设，完善数字治理体系，推动数字技术在各个领域的广泛应用，营造良好的数字生态环境。

为了充分实现我们对数字未来的美好愿景，政府、企业和社会各界应加强合作，共同营造良好的数字生态环境，推动数字技术的广泛应用和深度融合。我们还需要积极应对数字时代带来的各种挑战，确保数字技术的发展造福全人类。

数字未来充满无限可能，让我们携手共进，以积极的姿态拥抱它，在数字变革的浪潮中砥砺前行，共同书写人类社会发展的崭新篇章。相信在数字技术的引领下，以创新为驱动，以合作共赢为理念，我们的生活将变得更加美好，社会将实现更加繁荣、可持续的发展，创造更加美好的未来，开启人类文明新纪元。数字时代与你我共同成长。

未来已来，你我责无旁贷。

梅　澎

2025 年春于北京

213

图书在版编目（CIP）数据

数字适应：国家治理视域下的数字变革／梅澎著.
北京：社会科学文献出版社，2025.7. -- ISBN 978-7
-5228-5564-6

Ⅰ. D630.1-39

中国国家版本馆 CIP 数据核字第 2025L7Z428 号

数字适应
　　——国家治理视域下的数字变革

著　　者／梅　澎

出 版 人／冀祥德
责任编辑／桂　芳
责任印制／岳　阳

出　　版／社会科学文献出版社·皮书分社（010）59367127
　　　　　地址：北京市北三环中路甲 29 号院华龙大厦　邮编：100029
　　　　　网址：www.ssap.com.cn
发　　行／社会科学文献出版社（010）59367028
印　　装／三河市龙林印务有限公司

规　　格／开本：787mm×1092mm　1/16
　　　　　印张：13.75　字数：166 千字
版　　次／2025 年 7 月第 1 版　2025 年 7 月第 1 次印刷
书　　号／ISBN 978-7-5228-5564-6
定　　价／88.00 元

数字技术，不断增强数字适应能力。组织应坚定地推进数字化转型，制定科学合理的战略规划，加大在数字技术研发和应用方面的投入，培养和引进数字化人才，充分发挥数字技术的优势，实现创新发展。国家应加强数字基础设施建设，完善数字治理体系，推动数字技术在各个领域的广泛应用，营造良好的数字生态环境。

为了充分实现我们对数字未来的美好愿景，政府、企业和社会各界应加强合作，共同营造良好的数字生态环境，推动数字技术的广泛应用和深度融合。我们还需要积极应对数字时代带来的各种挑战，确保数字技术的发展造福全人类。

数字未来充满无限可能，让我们携手共进，以积极的姿态拥抱它，在数字变革的浪潮中砥砺前行，共同书写人类社会发展的崭新篇章。相信在数字技术的引领下，以创新为驱动，以合作共赢为理念，我们的生活将变得更加美好，社会将实现更加繁荣、可持续的发展，创造更加美好的未来，开启人类文明新纪元。数字时代与你我共同成长。

未来已来，你我责无旁贷。

梅　澎

2025 年春于北京

图书在版编目（CIP）数据

数字适应：国家治理视域下的数字变革／梅澎著.

北京：社会科学文献出版社，2025.7. -- ISBN 978-7

-5228-5564-6

Ⅰ. D630.1-39

中国国家版本馆 CIP 数据核字第 2025L7Z428 号

数字适应

——国家治理视域下的数字变革

著　　者／梅　澎

出 版 人／冀祥德
责任编辑／桂　芳
责任印制／岳　阳

出　　版／社会科学文献出版社·皮书分社（010）59367127
　　　　　地址：北京市北三环中路甲 29 号院华龙大厦　邮编：100029
　　　　　网址：www.ssap.com.cn
发　　行／社会科学文献出版社（010）59367028
印　　装／三河市龙林印务有限公司

规　　格／开　本：787mm×1092mm　1/16
　　　　　印　张：13.75　字　数：166 千字
版　　次／2025 年 7 月第 1 版　2025 年 7 月第 1 次印刷
书　　号／ISBN 978-7-5228-5564-6
定　　价／88.00 元

读者服务电话：4008918866